미국의 문화

문화의 용광로,
다양한 민족

미국 ⑧

세계통찰

★ 세계의 중심이 된 미국 2 ★

미국의 문화

문화의 용광로,
다양한 민족

한솔교육연구모임 지음

솔과나무

/
차
례
/

1장 신앙으로 미국을 세운 **청교도**   • 021

제임스타운을 건설한 105명의 원정대 | 장난꾸러기 인디언 소녀, 포카혼타
스 | 교황의 권력에서 벗어나 국교회를 세운 영국 왕 | 제임스 1세의 폭정과
청교도 탄압 | 65일간의 사투 끝에 도착한 미지의 대륙

2장 아메리카의 원래 주인, **인디언**   • 051

높은 정신세계를 가진 인디언 사회 | 인디언과 버펄로의 슬픈 운명 | 유령
셔츠를 입은 수Sioux족과 약속의 땅 | 끊임없이 소비만 반복하는 인디언의 무
력한 삶

왜 미국을
읽어야 할까요?

〈세계통찰〉 시리즈는 다양한 독자에게 세계를 통찰하는 지식과 교양을 전해 주고자 합니다. 미국을 시작으로 중국, 일본, 중남미, 유럽, 아시아, 아프리카 등 오대양 육대주의 주요 국가들에 관한 정치, 경제, 역사, 문화 등 다양한 정보를 제공하여 세상이 움직이는 원리를 독자 스스로 알게끔 하고자 합니다.

지구상에 있는 국가들은 별개가 아니라 서로 연결된 유기체입니다. 여러 나라 가운데 〈세계통찰〉 시리즈에서 미국 편 전 16권을 먼저 출간하는 이유는 유기적인 세계에서 미국이 지닌 특별한 지위 때문입니다. 19세기까지 세계를 호령하던 대영제국의 패권을 이어받은 미국은 20세기 이후 오늘날까지 세계 유일의 초강대국으로 세계를 이끌고 있습니다. 또한 세계 최강의 경제력을 기반으로 자유 시장을 중시하는 자본주의 이념을 전 세계에 전파했습니다. 우리나라를 포함하여 많은 나라가 세계 최대 시장인 미국과 한 무역을 통해 가난을 딛고 경제 성장을 이룰 수 있었습니다. 애플이나 구글 같은 미국 기업이 새로운 산업을 일으키면서 미국은 물론, 전 세계에 수많은 일자리와 자본력을 제공했습니다.

이처럼 전 세계에 커다란 영향을 미치고 있는 미국이라는 나라를 알기 위해 '미국의 대통령'을 시작으로 한 '미국을 만든 사람들' 편을 소개합니다. 대통령제를 기반으로 한 미국식 민주주의는 전 세계로 전파되면서 수많은 국가에 영향을 미치고 있습니다. 제2차 세계대전 이후 독립한 국가 대부분이 대통령제를 선택하면서 대통령제는 미국을 넘어 많은 국가의 정치 체제로 자리 잡았습니다. 도전 정신과 혁신을 바탕으로 미국 경제를 세계 최강으로 만든 '기업인들' 역시 우리에게 많은 교훈을 줍니다. 세계인의 감성과 지성을 자극하고 있는 '예술인과 지식인'도 이야기의 대상입니다. '사회 문화' 편에서는 미국의 문화를 통해 미국만이 가진 특성을 살펴봅니다. 창의와 자유를 존중하는 사회 분위기는 할리우드 영화, 청바지, 콜라 등 미국만의 문화를 탄생시켰고 이는 전 세계로 확산되어 지구촌의 문화로 자리 잡았습니다. 이제 미국의 문화는 미국인만 누리는 것이 아니라 세계인이 공유하는 것이 되었습니다. '산업' 편에서는 정보 통신, 우주 항공, 에너지, 유통 등 미국의 주력 산업을 통해 오늘날 미국이 세계 경제를 주무르고 있는 비결과 미래에도 미국이 변함없이 강력한 영향력을 행사할 수 있는 이유에 대해 알아봅니다.

'전쟁' 편에서는 미국이 참전한 전쟁을 통해 전쟁이 미국은 물론 세계에 미친 영향에 대해 살펴봅니다. 미국은 전쟁으로 독립을 쟁취했을 뿐만 아니라 세계를 움직이는 새로운 질서를 만들어 냈습니다. 다시 말해 전쟁은 미국이 세계를 뜻대로 움직이는 도구였습니다.

이처럼 미국의 정치, 경제, 문화 등 각 분야는 20세기 이후 지구촌에 막대한 영향을 미치고 있기에 미국에 관한 지식이 없으면 세계를 제대로 이해할 수 없습니다. 미국을 제대로 알게 된다면 세상이 돌아가는 힘의 원리를 더 잘 알 수 있습니다. 〈세계통찰〉 시리즈 미국 편은 '미국을 만든 사람들' 전 6권, '세계의 중심이 된 미국(문화와 산업)' 전 6권, '전쟁으로 일어선 미국' 전 4권으로 이루어져 있습니다. 이렇게 총 16권의 인물, 사회·문화, 산업, 전쟁 등 주요 분야를 다루면서 단편적인 지식의 나열이 아니라 미국의 진면목, 나아가 세계의 흐름을 알 수 있도록 했습니다. 적지 않은 분량이지만 정치, 경제, 문화사에 남을 인물과 역사에 기록될 사건을 중심으로 다양한 예화와 사례를 들어 가면서 쉽고 재미있게 썼습니다. 처음부터 끝까지 차분히 읽다 보면 누구나 미국과 세계의 과거와 현재, 미래를 명확하게 들여다볼 수 있는 통찰력을 지닐 수 있습니다.

세계를 한눈에 꿰뚫어 보는 〈세계통찰〉 시리즈! 길고도 흥미진진한 이 여행에서 처음 만나게 될 나라는 미국입니다. 두근거리는 마음으로 함께 출발해 봅시다!

한솔(한솔교육연구모임 대표)

세상의 변화를 읽고
앞을 내다보는 힘

미래학자 엘빈 토플러는 "한국 학생들은 하루 10시간 이상을 학교
와 학원에서 자신들이 살아갈 미래에 필요하지 않을 지식을 배우고,
존재하지 않을 직업을 위해 아까운 시간을 허비하고 있다."라고 했
습니다. 그렇다면 우리는 무엇을 배우고 생각해야 할까요? 수년 안
에 지구촌은 큰 위기를 맞이할 가능성이 큽니다. 위기는 역사적으로
늘 존재했지만, 앞으로 닥칠 상황은 미국과 중국의 패권 전쟁의 상황
에서 과거와는 차원이 다른 큰 변화가 일어날 것입니다. 2018년 기
준 중국은 미국의 66% 수준의 경제력을 보입니다. 구매력 기준 GDP
는 중국이 이미 2014년 1위에 올라섰습니다. 세계 최강의 지위를 위
협받은 미국은 트럼프 집권 이후 중국에 무역 전쟁이란 이름으로 공
격을 시작했습니다. 미국과 중국의 무역 전쟁은 단순히 무역 문제로
만은 볼 수 없는 정치, 사회, 경제, 문화가 얽혀 있는 총체적 전쟁입니
다. 미국과 중국의 앞날을 예측하기 위해서는 경제 분야 외에 정치,
사회, 문화 등을 통합적으로 볼 수 있어야 합니다. 역사는 리듬에 따
라 움직입니다. 현재와 비슷한 문제가 과거에 어떤 식으로 일어났는

지를 알면 미래를 읽는 통찰력이 생깁니다. 지나온 역사를 통해 세상의 변화를 읽고 앞을 내다보는 힘을 길러야 합니다. 역사를 통해서 남이 보지 못하는 곳을 보고, 다른 사람과 다르게 생각하는 힘을 길러야 합니다.

〈세계통찰〉은 이러한 필요에 따라 세계 주요 국가의 역사, 경제, 사회, 문화 등 다양한 주제를 통해 세계를 이해하는 안목을 심어 주고자 쓰인 책입니다. 솔과나무 출판사는 오대양 육대주에 걸쳐 있는 중요한 나라를 대부분 다루자는 계획 아래 먼저 미국과 중국에 대한 책을 출간합니다. 이는 오늘날 미국과 중국이 정치, 경제, 문화 등 모든 분야를 선도하며 전 세계에 막대한 영향을 미치고 있는 초강대국이기 때문입니다. 〈세계통찰〉 시리즈는 미국과 중국 세계 양 강 대결의 상황에서 미·중 전쟁의 미래를 예측할 수 있는 훌륭한 나침반이 될 수 있습니다.

특히 미국은 정치, 경제, 문화 등 어느 분야로 보아도 세계인의 관심을 가장 많이 받는 나라입니다. 〈세계통찰〉 시리즈 '미국'은 정치, 경제, 사회, 문화 모든 분야에 걸쳐서 시간과 공간을 넘나들며 현재의 미국을 이해할 수 있게 만든 획기적인 시리즈입니다. 인물, 산업, 문화, 전쟁 등의 키워드로 살펴보면서 미국의 역사와 문화, 각국과의 상호 관계를 파악할 수 있는 지식과 읽을거리를 제공합니다. 인물과 사건을 중심으로 이야기를 이어가고 그 과정에서 우리가 오늘날 세상을 살아갈 때 활용할 수 있는 지혜를 담고 있습니다. 단순히 사실 나열에 그치지 않고, 왜 그렇게 되었는지, 그 뒤에는 어떻게 되었는지, 과정과 흐름 속에서 숨은 의미를 찾아냄으로써 유연하고 창의적인 생각을 할 수 있도록 자극합니다. 무엇보다 〈세계통찰〉 시리즈에는 많은 이들의 실패와 성공의 경험이 담겨 있습니다. 앞서 걸은 이들의 발자취를 통해서만 우리는 세상을 보는 통찰력을 키울 수 있다는 사실을 기억했으면 합니다. 미국을 자세히 들여다보면 지구촌 사람들의 모습을 다 알 수 있다고도 합니다. 세계를 이끌어가는 미국을 이해한다는 것은 단순히 한 나라를 아는 것이 아니라 세계를 이해하는 것이기 때문에 〈세계통찰〉 시리즈 미국 편을 통해 모두가 미국에 대해 입체적이고 통합적으로 살펴볼 수 있는 기회를 얻기 바랍니다.

곽석희(청운대학교 융합경영학부 교수)

〈세계통찰〉 시리즈에
부쳐

4차 산업 혁명 시대를 맞이하는 청소년에게 꼭 필요한 지혜

4차 산업 혁명 시대에는 나라 사이의 언어적, 지리적 장벽이 허물어집니다. 견고한 벽이 무너지는 대신 개인과 개인을 잇는 촘촘한 연결망이 더욱 진화합니다. 이제 우리는 다양한 문화 배경을 지닌 친구와 이전과는 완전히 다른 방법으로 우정을 나눌 수 있습니다. 낯선 언어는 더는 장애가 되지 않습니다. 스마트폰의 번역 프로그램을 이용하면 내가 한 말을 실시간으로 전달할 수 있고 상대방의 말뜻을 이해할 수도 있습니다. 또 초고속 무선 통신망을 이용해 교류하는 동안 지식이 풍부해져서 앞으로 내가 나아갈 길을 설계하는 데 큰 도움이 됩니다.

저는 오랫동안 현장에서 청소년을 만나며 교육의 방향성을 고민해 왔습니다. 초 단위로 변하는 세상을 바라보면 속도에 대한 가르침을 줘야 할 것 같고, 구글 등 인터넷상에 넘쳐 나는 정보를 보면 그것에 대한 양적인 교육이 필요할 것 같았습니다. 긴 고민 끝에 저는 시대가 변해도 퇴색하지 않는 보편적 가치와 철학을 청소년에게 심어 줘야겠다는 결론을 내렸습니다.

4차 산업 혁명 시대에는 인공 지능과 인간이 공존합니다. 최첨단 과학이 일상이 되는 세상에서 75억 지구인이 조화롭게 살아가려면 인간 중심의 교육이 필요합니다. 인문학적 지식과 소양을 통해 인간을 더욱 이해하고 이롭게 만드는 시각을 갖춰야 합니다. 〈세계통찰〉 시리즈는 미래를 이끌어 나갈 청소년을 위한 지식뿐 아니라 그 지식을 응용하여 삶에 적용하는 지혜까지 제공하는 지식 정보 교양서입니다.

청소년이 이 책을 반드시 접해야 하는 이유

첫째, 사고의 틀을 확대해 주는 책입니다.

〈세계통찰〉 시리즈는 정치, 경제, 사회, 문화, 무역, 외교, 전쟁, 인물에 이르기까지 하나의 국가가 국가로서 존재하고 영유하는 모든 것을 다루고 있습니다. 한 국가를 이야기할 때 경제나 사회의 영역을 충분히 이해했다 해도 '이 나라는 이런 나라다.' 하고 한마디로 정의하기는 어렵습니다. 인물이나 역사적 사건과 같은 눈에 보이는 사실과 이념, 사고, 철학과 같은 눈에 보이지 않는 특성까지 좀 더 유기적이고 종합적인 사고를 해야 한 나라를 이해하고 정의할 수 있습니다. 이 책을 통해 합리적이고 논리적으로 사고하는 습관을 자연스럽게

기를 수 있습니다.

둘째, 글로벌 리더를 위한 최적의 교양서입니다.

4차 산업 혁명 시대라 하더라도 모든 나라가 해체되는 것은 아닙니다. 세계화 속도가 점점 가속화되는 글로벌 시대에 꼭 필요한 소양은 역설적이게도 각 나라에 대한 수준 높은 정보입니다. 일반적으로 알려진 상식의 폭을 확대할 수 있어야 합니다. 미국과 중국의 무역 분쟁이나 우리나라와 일본의 갈등에서도 볼 수 있듯 세계 곳곳에는 국가 사이의 특수한 사정과 역사로 인해 각종 사건과 사고가 터져 나오고 있습니다. 한 국가의 성장과 번영은 자국의 힘과 노력만으로는 가능하지 않습니다. 가깝고 먼 나라와의 유기적인 관계 속에서 평화를 지키고 때로는 힘을 겨루면서 이루어집니다. 한편 G1, G2라 불리는 경제 대국, 유럽 연합EU이나 아세안ASEAN 같은 정부 단위 협력 기구 사이에 일어나는 상호 이해관계도 중요해지고 있습니다. 〈세계통찰〉 시리즈는 미국, 중국, 일본, 아세안, 유럽 연합, 중남미 등 지구촌 모든 대륙과 주요 국가를 공부하는 데 반드시 필요한 영역을 씨실과 날실로 엮어서 구성하고 있습니다.

마지막으로 〈세계통찰〉 시리즈는 글쓰기, 토론, 자기 주도 학습, 공동 학습에 최적화된 가이드 북입니다.

저는 30년 이상 교육 현장에 있으면서 토론, 그중에서도 대립 토론debating 수업을 강조해 왔습니다. 학생 스스로 자료를 찾고 분류하며 자신만의 생각을 정리하고 발표하는 방식입니다. 이때 다른 사람의 생각을 경청하고 공감하는 학생일수록 주도적이고도 창의적인 인재로 성장하는 것을 보았습니다. 〈세계통찰〉 시리즈가 보여 주는 형식과 내용은 학생과 교사 모두에게 긍정적인 영향을 줄 것이라고 확신합니다.

가까운 미래에 글로벌 리더로서 우뚝 설 우리 청소년에게 힘찬 응원의 메시지를 보냅니다.

박보영(교육학 박사, 박보영 토론학교 교장, 한국대립토론협회 부회장)

1장

신앙으로 미국을 세운

청교도

제임스타운을 건설한 105명의 원정대

미국의 역사를 알기 위해서는 먼저 영국에 대해 살펴봐야 합니다. 유럽 대륙의 서쪽 끝 섬나라인 영국은 16세기 들어 도시 인구가 급속히 불어나기 시작했습니다. 그때는 대서양이라는 큰 바다가 개척되어 무역이 활발해지던 시대라서 먼 나라 사람들까지도 부드럽고 따뜻한 영국산 모직물을 원했지요. 그러자 영국의 농촌 지주들은 농사 보다는 양을 키우는 편이 유리하다는 것을 알고 농경지를 목장으로 바꿔 나갔습니다. 그들은 땅에 말뚝을 박아 가난한 농민이나 소작농을 못 들어오게 해서 고향 밖으로 쫓아냈습니다.

농촌에서 사람들이 몰려들자 영국의 도시에 일자리가 부족해지고 식량난이 찾아왔습니다. 국왕은 인구과잉 문제를 해결하기 위해 나라 밖으로 눈을 돌리기 시작했습니다. 당시 유럽의 스페인과 포르투갈은 중남미 대륙을 차지하면서 막대한 부를 축적하고 있었습니다. 특히 스페인은 엄청난 자원을 자국으로 들여오면서 16세기 유럽 최강국으로 위용을 과시했지요. 이에 자극받은 영국은 식민지 개척을 위해 원정대를 파견했습니다. 중남미 대륙은 이미 스페인과 포르투갈의 몫이었기 때문에 북미 대륙으로 눈을 돌렸습니다.

미국은 1620년에 영국의 청교도들이 메이플라워호를 타고 건너와 정착한 땅이라고 알려져 있습니다. 그런데 사실 이들이 시초는 아닙니다. 종교의 자유를 찾아서가 아닌, 현실적이고 경제적인 이유로 미국 땅을 밟은 사람들이 이미 있었습니다.

1606년 크리스마스, 북미 대륙 개척이라는 큰 꿈을 안은 영국인 105명은 세 척의 배에 나눠 타고 런던항을 떠났습니다. 신대륙에 도착하면 황금도 차지하고 값비싼 원목을 본국으로 수출하겠다는 꿈에 부풀어 있었지요. 1607년 4월 26일, 영국에서 출발한 105명의 원정대는 넉 달이 넘는 항해 끝에 오늘날 미국 동부에 있는 버지니아 땅에 처음으로 발을 내디뎠습니다. 이곳은 원래 인디언 거주지였으나,

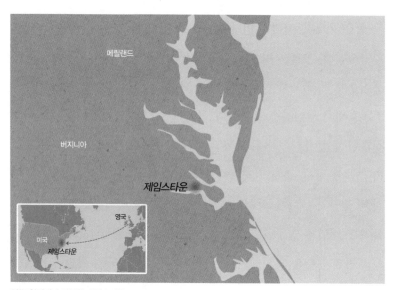

영국 원정대가 이주한 제임스타운

1614년의 제임스타운 전경

원정대 대원들은 당시 영국의 여왕이던 엘리자베스의 별명*을 따서 '버지니아'라는 지명을 붙였습니다.

영국 원정대가 발견한 미국 땅은 실망 그 자체였습니다. 중남미와 달리 금은보화도 없고 돈이 될 만한 산림자원도 없었습니다. 그러나 버지니아에 정착한 영국인 첫 이민자들은 영국 국왕 제임스 1세의 이름을 딴 '제임스타운'을 건설하고 선거를 통해 시장을 선출했습니다. 이들은 정착지에 교회, 우체국, 창고 등을 만들면서 영국식 사회를 건설하려고 했습니다.

문제는 대부분의 정착민이 노동 경험 없는 지식인 출신이라는 데

---

* 엘리자베스 1세는 국가와 결혼했다며 평생 독신을 고수해 처녀 여왕(The Virgin Queen)이라 불리었다.

있었습니다. 정착민들은 집을 제대로 지을 줄 모르고 사냥을 할 줄
도 몰랐습니다. 힘들게 건설한 정착촌은 저지대에 위치해 여름이 되
면 모기가 들끓고 각종 전염병이 돌았습니다. 영국에서 가져온 식량
도 얼마 지나지 않아 썩는 바람에 극심한 식량난에 허덕였습니다.
그들은 하루하루 배를 채우는 것조차 버거웠습니다. 이렇듯 최악의
상황을 맞았음에도 정착민들은 농지를 개간하는 일엔 별 관심이 없
었습니다. 그들은 바닷가와 숲으로 나가 돈 될만한 것들을 찾아다녔
습니다.

　1607년 9월, 신대륙에 첫발을 내디딘 지 반년도 지나지 않았지만
굶주림과 전염병 창궐로 생존자는 절반도 되지 않았습니다. 정착민
에게 전염병보다 더 무서운 것은 인디언이었습니다. 정착 초기에는
제임스타운에서 수확한 옥수수를 인디언에게 나눠 주며 평화롭게 공
존했지만, 시간이 흐르면서 사이가 나빠졌습니다. 정착민들은 영국
신사의 에티켓과 영어를 가르치려고 해 인디언의 반발을 샀습니다.
인디언들은 제임스타운 근처에 숨어 있다가 정착민을 생포해 손과
발을 잘랐습니다. 이렇듯 제임스타운의 사정은 매우 열악했으나 희
망을 품은 영국인들이 계속해서 모여들었습니다.

장난꾸러기 인디언 소녀, 포카혼타스

　미국의 월트 디즈니 프로덕션에서 만든 애니메이션 〈포카혼타스〉
를 본 적이 있나요? 월트 디즈니는 각박한 세상에 꿈과 환상을 심어

준 만화영화 제작자였습니다. 그의 이름을 따라 만든 디즈니 애니메이션 스튜디오에서는 〈백설공주〉, 〈신데렐라〉 등 널리 알려진 동화를 장편 만화영화로 만들어 오래도록 인기를 끌었지요. 그런데 1995년 제작된 〈포카혼타스〉는 다릅니다. 디즈니 최초로 실제 있었던 사건을 바탕으로 만든 애니메이션이었지요. 이야기는 1607년으로 거슬러 올라갑니다.

개척 초기 원정 단원 중 한 명이었던 존 스미스John Smith는 호기심이 많고 탐험 정신이 남다른 청년이었습니다. 북미 대륙으로 오기 전에는 용맹한 군인이기도 했지요. 그는 정착민 촌에 양식이 떨어지고 인심이 흉흉해지자 마을을 떠나 제임스강을 탐사하게 되었습니다. 무리에서 떨어져 홀로 있던 존 스미스는 인디언의 눈에 띄어 곧 붙잡히고 말았습니다. 그를 생포한 인디언은 포와탄Powhatan족으로 용맹하기로 소문난 부족이었습니다. 포와탄족 추장 포와탄은 조그만 부족 지도자가 아니라, 버지니아 지역을 호령하는 인디언 부족연합 지도자로서 제왕적 권위를 가지고 있었습니다.

포와탄 추장의 눈에 존 스미스는 자신의 영역을 넘본 침략자였기 때문에 관례에 따라 사형에 처하고자 했습니다. 이때 추장의 딸이 존 스미스를 살려달라고 간청했습니다. 평소 딸을 끔찍이 사랑한 추장은 그녀의 청원에 마지못해 존 스미스를 살려 주었습니다. 당시 추장의 딸은 10대 초반의 소녀였는데, 장난기 많았던 그녀를 유독 귀여워한 추장은 딸의 이름을 '작은 장난꾸러기'라는 뜻의 '포카혼타스Pocahontas'라고 지었습니다. 이 사건을 계기로 27세의 청년 스미스와

존 스미스의 목숨을 구하는 포카혼타스

포카혼타스는 나이를 초월한 친구가 되었습니다. 포카혼타스는 가끔 말에 식량을 가득 싣고 제임스타운을 방문했습니다. 정착민에게 자신들의 생사여탈권을 쥔 추장의 딸은 귀한 존재였습니다.

정착민들은 포카혼타스와 친분이 있는 존 스미스를 제임스타운 지도자로 내세우고 인디언과 좋은 관계를 유지하려고 했습니다. 존 스미스는 포카혼타스와의 인연을 활용해 추장의 신임을 얻었습니다. 이후 제임스타운에 평화가 찾아들었습니다. 그런데 1609년 존 스미스가 불의의 사고로 온몸에 큰 화상을 입어 치료를 위해 영국으로 돌아가게 되었습니다. 그가 제임스타운을 떠나자 인디언과의 평화는 막을 내렸습니다. 그동안 영국 정착민들이 인디언을 교화의 대상으

인디언 포와탄족 추장의 대관식에 참여한 영국인들

로 보고 자신들의 언어와 문화를 강요한 것이 갈등의 원인이 되었습니다.

1610년 첫 번째 큰 위기가 찾아왔습니다. 옥수수 농사가 흉작이되어 정착민의 식량이 바닥을 드러냈습니다. 그 무렵 500명 이상 늘어난 정착민은 살아남기 위해 기르던 말과 개까지 잡아먹었으나 식량난을 해결할 수 없었습니다. 한계상황에 몰린 이들은 굶어 죽은 사람들의 시신까지 먹어야 하는 지경에 이르렀습니다. 설상가상으로 인디언이 굶주림에 허덕이던 정착민을 습격해 많은 사람을 학살했습니다. 기근이 시작된 지 6개월이 지나 영국에서 구조대가 도착했을때, 제임스타운의 모습은 형언할 수 없을 정도로 끔찍했습니다. 마을에는 영국에서 들여온 말이나 개는 물론 쥐, 고양이조차 찾아볼 수 없었습니다. 허기를 참을 수 없었던 사람들은 무덤에서 시신을 파헤치고 있었습니다.

기근을 겪고 난 뒤 제임스타운의 인구는 60여 명으로 대폭 줄어들었습니다. 정착민들은 큰 시련을 겪고 있었지만, 미국 땅을 쉽게 포기하지는 않았습니다. 1613년, 일부 정착민들은 포와탄족을 공격해 포카혼타스를 납치하는 사건을 저질렀습니다. 추장의 딸을 인질로 잡고 있는 한 인디언은 절대로 제임스타운을 공격할 수 없을 것으로 판단했기 때문입니다.

실제로 납치범들의 생각은 적중해 추장은 딸의 생명을 지키기 위해 제임스타운을 공격하지 못했습니다. 포카혼타스는 인질로 사로잡힌 상태였지만 정착민들로부터 좋은 대우를 받았습니다. 그녀는 제임스타운을 벗어나는 것 외에 모든 일을 할 수 있었고, 영어와 영국

기독교로 개종한 후 세례받는 포카혼타스

문화를 배우며 시간을 보냈습니다. 이듬해인 1614년 포카혼타스는 기독교로 개종한 후 정착민 존 롤프John Rolfe와 결혼했습니다. 두 사람의 결혼으로 정착민과 인디언 간에는 다시 평화가 찾아왔습니다.

한편 영국인들이 미국에 정착했을 때 가장 신기하게 여긴 것은 인디언이 담배를 피우는 모습이었습니다. 인디언은 아주 오래전부터 햇빛에 바짝 말린 담뱃잎을 말아 피웠는데, 그 모습이 무척 인상적이었습니다. 인디언으로부터 담배를 얻어 피운 영국인들은 그 맛에 반해, 담배를 본국으로 수출하기로 마음먹었습니다. 수차례 실패 끝에 담배 재배에 성공한 정착민들은 담배를 마치 만병통치약이나 되는 것처럼 속여 영국으로 수출했습니다. 제임스타운에서 재배된 담배가 영국으로 수출되면서 정착민들의 삶은 예전보다 한결 나아졌습니다. 그즈음 포카혼타스는 롤프와의 사이에서 아들을 낳았습니다. 이를 계기로 제임스타운과 인디언은 더욱 좋은 관계를 유지했습니다.

1617년 포카혼타스 가족은 영국을 방문하게 되었습니다. 런던에서 그녀는 최초의 영국인 친구인 존 스미스와 재회하는 기쁨을 맛보았습니다. 존 스미스가 큰 화상을 입어 영국으로 돌아갔을 때 정착민들은 포카혼타스에게 그가 죽었다고 거짓말을 했습니다. 죽은 줄로만 알았던 존 스미스가 다시 나타나자, 포카혼타스는 깜짝 놀랐습니다. 존 스미스는 영국 국왕에게 편지를 보내 포카혼타스를 왕족으로 예우해 줄 것을 간청했습니다. 미국 땅에 정착한 영국인들이 인디언과 충돌 없이 지내려면, 영국에 대해 우호적인 포카혼타스의 마음을 더욱 사로잡아야 한다고 주장했습니다. 존 스미스의 요청대로 왕실은 포카혼타스를 '인디언 공주'라 부르며 깍듯이 예우해 주었습니다. 유럽 왕실의 공주와 똑같이 융숭한 대접을 받은 그녀는 영국에 대해 더욱 좋은 이미지를 가졌습니다. 그러나 얼마 뒤 안타깝게도 포카혼타스는 천연두에 걸려 영국에서 생을 마감하고 말았습니다.

당시 천연두는 신대륙에 없던 질병으로, 인디언이었던 그녀는 천연두에 대한 면역력이 전혀 없었습니다. 영국 정부는 포카혼타스의 시신을 템스강변에 묻어 주었습니다. 그녀는 기독교로 개종한 최초의 인디언이었습니다. 동시에 유럽 문화를 최초로 받아들인 원주민이기도 했습니다. 포카혼타스가 요절한 이듬해인 1618년 그녀의 아버지 포와탄 추장마저 세상을 떠났습니다. 포와탄 추장의 뒤를 이어 권좌를 차지한 새로운 추장은 정착민과의 평화협상을 모두 파기하고 전쟁을 선포했습니다. 1622년 3월, 인디언은 제임스타운에 대대적인 공격을 감행해 347명의 정착민을 살해했습니다. 포와탄족은 정착민을 멸절시킬 계획으로 끊임없이 공격했습니다. 보다 못한 제임스 1세 영국 국왕은 제임스타운을 포기하고 전

영국에 있는 포카혼타스 동상

원 철수하라는 명령을 내렸습니다. 이에 일부는 철수했지만 계속해서 새로운 이주민이 유입되었습니다.

교황의 권력에서 벗어나 국교회를 세운 영국 왕

여섯 번이나 결혼한 영국의 왕을 알고 있나요? 헨리 8세는 부인과 이혼하고 새로운 여인을 맞이하기 위해 나라의 종교까지 바꾼 인물입니다. 1509년 헨리 8세가 영국 국왕 자리에 올랐을 때만 해도 가톨릭이 영국의 국교였습니다. 당시 교황은 국왕을 능가하는 힘을 가지고 있었습니다. 아직 종교와 정치가 분리되지 않은 시대였기 때문이지요. 헨리 8세의 첫 번째 왕비는 병으로 일찍 죽은 형의 아내, 캐서린_{Catherine}이었습니다. 18세의 어린 나이에 국왕이 된 헨리 8세는 형

영국 국교를 설립한 헨리 8세

헨리 8세의 첫 번째 왕비, 아라곤의 캐서린

헨리 8세의 이혼을 허락하지 않은
교황 클레멘스 7세

수와 결혼한다는 것이 마음에 들지 않았지만, 아버지 헨리 7세의 유언에 따라 그녀를 맞아들였습니다. 부부 사이에서 아들 두 명을 포함해 모두 여섯 명의 자식이 태어났는데 딸 메리 외에는 사산하거나 어린 나이에 병에 걸려 죽고 말았습니다. 헨리 8세는 왕위를 잇기 위해 왕자가 꼭 필요하다는 생각에 사로잡혀 캐서린과 이혼하고 새로운 왕비를 맞이하기로 마음먹었습니다.

1527년, 헨리 8세는 '형수와 결혼을 금지'하라는 성서의 규정을 근거로 내세우며 교황청에 결혼 무효 승인을 요청했습니다. 이에 대해 캐서린은 헨리 8세와의 결혼이 유효하다고 주장했습니다. 헨리 8세의 형이었던 아서Arthur 공과는 첫날밤도 치르기 전에 남편이 사망했다는 이유를 들었지요. 그녀는 교황 클레멘스Clemens 7세에게 이혼이 불가하다는 청원서를 제출했습니다. 로마 교황청이 캐서린의 손을 들어주어 헨리 8세의 계획은 차질을 빚게 되었습니다. 당시 가톨릭의 영향권 안에 있던 국왕은 교황의 허락 없이는 이혼할 수 없었습니다.

캐서린은 영국으로 시집오기 이전에는 스페인 공주였습니다. 스페인은 이탈리아와 더불어 남유럽의 대표적인 가톨릭 국가로 오랫동안 로마 교황청에 충성을 바쳐 왔습니다. 이에 교황에게 헨리 8세의 이혼 계획을 철회시켜 달라고 부탁함으로써 교황이 직접 나서게 된 것입니다. 교황은 헨리 8세를 꾸짖어 망신을 주었습니다. 화가 난 헨리 8세는 이혼을 강행해 캐서린을 내쫓았습니다. 교황청도

헨리 8세의 두번째 왕비 앤 불린

헨리 8세를 가톨릭에서 파문하면서 맞불을 놓았습니다.

1534년 헨리 8세는 가톨릭을 대신할 '영국 국교회*'를 설립하고 스스로 교회 수장 자리에 올랐습니다. 이를 '수장령'이라 하는데, 겉으로는 홧김에 수장령을 발표한 것으로 보이지만 실은 다분히 의도적이었습니다. 대외적으로 종교 독립을 외쳤으나 속내는 영국 전역에 흩어져 있던 교황청 소유의 재산을 차지하려는 것이었습니다.

헨리 8세는 캐서린과 이혼한 후 그녀의 시녀였던 앤 불린Anne Boleyn을 왕비로 맞이했습니다. 그녀는 훗날 엘리자베스 1세가 되는 공주를 낳았지만 끝내 왕자는 낳지 못했습니다. 헨리 8세는 앤 불린에게

---

* '영국 성공회'라고도 한다.

이혼을 요구했으나, 받아들여지지 않았습니다. 화가 난 헨리 8세는 그녀에게 죄를 뒤집어씌운 후 사형에 처했습니다. 세 번째 왕비는 앤 불린의 시녀였던 제인 시모어_{Jane Seymour}였습니다. 그녀는 헨리 8세가 그토록 고대하던 왕자를 낳았습니다. 하지만 아기를 낳고 출산 후유증으로 세상을 떠났습니다.

1547년 헨리 8세가 세상을 떠나자 제인 시모어가 낳은 유일한 왕자가 보위를 물려받아 에드워드 6세가 되었습니다. 10살밖에 안 된 에드워드 6세는 1553년 즉위한 지 6년 만에 석연치 않은 죽음을 맞이하며 짧은 인생을 마감했습니다. 에드워드 6세의 뒤를 이어 왕위에 오른 이는 메리 여왕이었습니다.

메리 여왕은 헨리 8세에 의해 쫓겨난 캐서린의 딸이었습니다. 메리

잔혹한 성품으로 피바람을 불러왔던 메리 여왕

는 어릴 적 어머니가 왕궁에서 쫓겨나는 모습을 똑똑히 지켜보았고 이후 왕궁에서 사생아 취급을 받으며 지냈습니다. 그 누구도 메리가 헨리 8세의 뒤를 이어 왕위에 오를 것이라고는 상상조차 하지 못했기 때문에 그녀를 철저히 무시했습니다. 헨리 8세는 캐서린을 내친 후 죄책감이 들어 어린 메리에게 잘해 주려고 했습니다. 하지

만 캐서린의 시녀 출신이었던 새로운 왕비 앤 불린이 부녀지간을 이간질하는 바람에 헨리 8세는 메리를 돌보지 않게 되었습니다. 앤 불린은 메리를 끊임없이 괴롭혔습니다. 왕궁의 시녀들에게 메리를 철저히 무시하도록 명령했습니다. 심지어 자신의 딸 엘리자베스의 시녀로 메리를 부리기까지 했습니다. 이처럼 모진 인고의 세월을 견뎌낸 메리가 왕위에 등극했다는 것은 피바람을 예고하는 것과 다름없었습니다.

　왕위에 오른 메리는 영국을 헨리 8세 이전 상태로 돌려놓으려 했습니다. 가장 먼저 한 일은 영국 국교회를 없애는 것이었지요. 그녀는 헨리 8세를 도와 영국 국교회 설립에 앞장섰던 토머스 크랜머 Thomas Cranmer를 가장 먼저 숙청하려고 했습니다. 본래 크랜머는 가톨릭 성직자였지만 헨리 8세가 영국 국교회를 설립하려고 했을 때 적극적으로 개입해 영국 국교회를 탄생시킨 주역이 되었습니다. 그는 캐서린의 이혼에도 개입해 국왕의 신망을 얻었으나, 메리에게는 어머니를 몰아내는 데 앞장선 원수였습니다. 1553년, 메리는 왕

영국 국교회 설립에 큰 공을 세운 토머스 크랜머

위에 오르자마자 캔터베리 대주교였던 크랜머를 잡아들여 3년간 고문했습니다. 그가 설립한 영국 국교회가 잘못된 것임을 시인하고 자신의 손으로 직접 파괴할 것을 요구했습니다. 크랜머는 종교적 신념을 지키려 했으나 고문에는 장사가 없었습니다. 그는 영국 국교회를 설립한 일과 캐서린을 왕궁에서 내친 일이 잘못된 행동이었다고 공개적으로 고백하고 반성문에 서명했습니다.

하지만 크랜머는 고문에 못 이겨 영국 국교회를 자신의 손으로 무너뜨린 행동을 후회했습니다. 그는 메리 여왕에게 영국 국교회를 설립한 일이 옳았음을 주장하는 편지를 보내 자신의 태도를 뒤집었지요. 화가 난 메리 여왕은 크랜머를 불에 태워 죽이라고 명령했습니다. 1556년 결국 만인이 보는 앞에서 크랜머의 화형식이 거행되었습니다. 화형장에 끌려 나온 크랜머는 사형 집행인에게 반성문에 서명한 자신의 오른손부터 태워 달라고 요구했을 정도로 비장한 마음으로 화형에 임했습니다. 메리 여왕은 크랜머 처형을 시작으로 300명 가까운 사람을 화형장으로 보내 처형했습니다. 이로 인해 사람들은 그녀를 '피의 메리'라 불렀습니다. 즉위 이후 복고주의 정책에 열을 올리던 메

관용적인 종교 정책을 펼친 엘리자베스 1세

리 여왕은 1558년 11월, 42세를 일기로 집권 5년 만에 세상을 떠났습니다.

메리가 죽은 뒤 앤 불린의 딸이자 이복동생이던 엘리자베스가 왕위에 올랐습니다. 메리 여왕과 사이가 좋지 않았던 엘리자베스 1세는 즉위하자마자 제일 먼저 영국 국교회를 복원시키려고 했습니다.

1558년 엘리자베스 1세는 수장령을 다시 선포해 영국 국교회를 부활시켰습니다. 또 전국에 통일령을 내려 영국 내 모든 교회에서는 법률에서 정한 영국 국교회 방식으로 예배하도록 했습니다. 하지만 영국인 중 일부는 유럽 대륙에서 유행하던 개신교 신학인 칼뱅주의*를 받아들여 국교회를 탈퇴하기 시작했습니다.

제임스 1세의 폭정과 청교도 탄압

영국 국교회를 탈퇴한 사람들은 스스로 청교도라 불렀습니다. 청교도는 자신을 '퓨리탄Puritan'이라 불렀는데, 이 말은 순수함을 뜻하는 퓨리티Purity에서 비롯되었습니다. 이들은 가톨릭이 순수하지 못하고 세속적인 것에 오염되어 있다고 생각했습니다. 가톨릭교회가 지나치게 웅장하며, 성직자들은 화려한 옷을 입고 사치 속에 살아간다고 생각했습니다. 신의 뜻에 따라 열심히 검소하게 사는 것을 삶의 목표로 삼은 청교도에게 가톨릭은 이단이자 타파의 대상이었습니다. 따라서

---

* 16세기 프랑스의 종교개혁자 칼뱅에게서 발단한 기독교 사상.

많은 부분 가톨릭 의례를 그대로 모방한 영국 국교회 역시 그들에게는 이단에 지나지 않았습니다.

엘리자베스 1세는 국내 종교를 영국 국교회 하나로 통일하려고 했습니다. 다만 국교회를 따르지 않는 청교도와 가톨릭교도를 탄압하지는 않았습니다. 국가에 해를 끼치지 않는다면 개인적 신념인 종교를 빌미로 국민을 괴롭혀서는 안 되기 때문이지요. 여왕은 종교에 집착하다가 좋은 군주로 평가받지 못했던 아버지 헨리 8세와 이복언니 메리 여왕을 반면교사로 삼았습니다. 특정 종교를 강요하는 데 집착하지 않고 국민을 풍요롭게 만들어 주는 데 힘썼습니다.

엘리자베스 1세는 동인도회사를 세우고 활발한 해외무역을 장려해 국가의 곳간과 국민의 주머니를 채웠습니다. 넉넉해진 국가재정을 바탕으로 복지제도도 대폭 확대해 사회적 약자를 돌보았습니다. 여왕은 1603년까지 무려 45년 동안 권좌에 머물면서 낙후돼 있던 영국을 강대국으로 발전시켰습니다. 이 시대에 상공업이 발달하였고 영국의 국제적 지위가 현저히 향상되었습니다. 1603년 3월 엘리자베스 1세가 후계자 없이 미혼 상태로 세상을 떠나자 그녀가 속했던 튜더왕조*는 막을 내렸습니다.

엘리자베스 1세가 자손을 남기지 못하고 죽자, 헨리 8세와 피가 조금 섞였다는 이유로 스코틀랜드 국왕이던 제임스 찰스 스튜어트James

---

* 15세기 후반부터 17세기 초반까지 영국을 지배하던 왕조. 헨리 7세 즉위부터 엘리자베스 1세 사망까지 영국 절대 군주제의 최전성기를 이루었다.

Charles Stuart가 영국의 왕이 되었습니다. 그는 스스로 '제임스 1세'라 칭하며 스튜어트 왕조를 열었습니다. 스코틀랜드 출신이었던 제임스 1세는 의회를 중심으로 하는 영국의 정치 스타일을 이해하지 못했지요. 그래서 의회의 권한을 부정했고 자신의 권력은 신으로부터 부여받은 신성한 것이라고 주장했습니다. 이를 일컬어 '왕권신수설'이라 하는

스코틀랜드 출신의 독재자였던 제임스 1세

데, 국왕의 지위를 신과 동일시하는 권위주의적 발상의 산물입니다. 그는 전형적인 독재정치를 펼치며 영국을 공포의 도가니로 몰아넣었습니다. 영국 국교회 의식을 따르지 않는 자를 영국에서 추방하도록 명령했고, 국왕의 조치에 저항하는 청교도 수만 명을 처형했습니다. 이에 청교도는 신앙의 자유를 찾아 고국을 떠나야 했습니다.

영국 청교도가 가장 먼저 정착한 곳은 종교의 자유가 보장된 네덜란드였습니다. 그러나 이국 생활은 무척 고달팠습니다. 자유분방한 네덜란드에선 엄격한 청교도 윤리에 따라 자녀 교육을 시키기도 힘들었지요. 이에 영국에 남아 있던 청교도는 유럽이 아닌 신대륙으로 건너가기로 했습니다. 그들은 대서양을 넘어 신대륙으로 건너가기 위한 배편을 마련하려고 악착같이 돈을 모았습니다.

65일간의 사투 끝에 도착한 미지의 대륙

1620년 영국 청교도는 신대륙으로 이민 가기 위한 배를 마련했습니다. '메이플라워Mayflower호' 라는 포도주 운반선이었는데, 길이 27.5m의 자그마한 선박이었습니다. 1620년 9월 16일, 남자 78명과 여자 24명, 총 102명의 청교도가 종교의 자유를 찾아 신대륙으로 떠났습니다. 작은 배에 100명 넘는 인원이 타고 5,000km에 이르는 거리를 항해하는 일은 말 그대로 고역이었습니다. 메이플라워호 선장뿐만 아니라 선원 대부분 항해 경험이 풍부한 뱃사람이었지만, 한 번도 가본 적 없는 곳으로 긴 항해를 한다는 것은 위험천만한 일이었지요. 항해 중 가장 무서운 것은 바다 위에서 폭풍우를 만나는 일이었습니다. 오랜 항해 중에 폭풍우를 만나지 않기란 거의 불가능한 일이라 메이플라워호도 크고 작은 폭풍우에 시달려야 했습니다.

한번은 바람이 너무 강해 거대한 파도가 선박을 덮쳤습니다. 배로 들어온 물을 아무리 퍼내도 그보다 더 많은 물이 쏟아져 들어오자, 선장은 최후의 수단으로 돛을 걷었습니다. 그리고 갑판 위에 있는 것들을 다 묶은 뒤 배를 바닷바람에 맡겼습니다. 이 방법은 인위적인 항해를 포기하는 것으로 더는 인간의 힘으로 바다를 헤쳐나갈 수 없을 때 선택하는 마지막 조치였지요. 그러자 기적 같은 일이 벌어졌습니다. 배는 거친 바다에서 뒤뚱거렸지만 절묘하게 균형을 잡아가며 앞으로 나아갔습니다. 메이플라워호에 탄 모든 사람은 생사를 넘나드는 65일간의 항해 끝에 미지의 대륙 미국 땅에 이르렀습니다.

대서양을 건너기에는 부실했던 메이플라워호 내부

원래 목적지는 허드슨Hudson강 하구의 버지니아였지만 배가 모래
톱에 얹혀 꼼짝도 할 수 없었습니다. 때마침 불어온 강풍으로 모래
톱을 겨우 벗어날 수 있었으나 더 이상의 진군은 불가능했습니다.
결국, 청교도는 버지니아로 가는 것을 포기하고 인근 프로빈스타운
Provincetown*에 배를 정박했습니다. 오랜 항해에 지친 터라 한시라도 빨
리 육지에 내리고 싶었기 때문입니다. 그런데 신대륙에 내리기 전에
반드시 처리해야 할 문제가 하나 있었습니다. 앞으로 살게 될 땅에서
는 정착민 사이 갈등이 생겨도 정부나 경찰 등이 개입해 해결할 수
없다는 점이었지요. 배에서 내리기 직전 청교도들은 모두 모여 질서
유지를 위해 서로 협력하기로 약속하고 서약서를 만들었습니다. 그

---

* 미국 매사추세츠주 동부의 항구도시.

것이 바로 '메이플라워 서약'으로, 오늘날 미국식 민주주의의 근간이 되었습니다. 서약서에는 신분 차별이 없는 평등한 세상과 국왕 없는 민주사회를 만드는 것을 골자로 하는 내용이 담겨 있었습니다. 배에 있던 모든 남성이 메이플라워 서약서에 서명했고, 너무 허약해 이름을 쓰지 못하는 사람은 X자로 표시했습니다. 서약이 끝난 후, 청교도는 그들을 이끌어 줄 지도자로 존 카버John Carver를 다수결에 의해 선출했지요.

배에서 내린 청교도는 프로빈스타운 지역의 땅이 매우 척박해 정착하기가 불가능한 곳이라는 사실에 크게 당황했습니다. 얼마 후 젊은 남성 중심으로 탐사대를 조직해 살 만한 땅을 찾아 나섰습니다. 탐사대는 인근 지역을 샅샅이 수색해 오늘날의 플리머스항을 최종 정착지로 선택했습니다. 플리머스는 청교도가 살 만한 땅이었으나, 주인 없는 땅이 아니었습니다. 인디언 포카노케트Pokanoket족이 오래전부터 그 땅의 주인이었습니다. 청교도들은 그들이 두려웠지만, 포

청교도 지도자로 선출된
존 카버

인디언과 평화조약을 맺은 청교도

카노케트족은 예상외로 온순한 사람들이었습니다. 1621년 3월, 청교도는 인디언과 공식적인 만남을 가졌습니다. 언어가 통하지 않을까봐 걱정했지만 기우였습니다. 이전에 제임스타운 정착민들이 주변의 인디언들에게 영어를 가르쳤기 때문에 인디언 중에는 영어에 능통한 사람이 있었습니다. 정착민 대표 존 카버는 통역사로 나선 인디언의 도움을 받아 포카노케트족의 추장 마사소이트Massasoit와 평화조약을 체결했습니다.

양측은 어떤 경우에라도 서로 공격하지 않고 다른 부족의 침략을 받을 때는 서로 돕기로 약속했습니다. 첫해에 혹독한 겨울 추위와 식량부족으로 정착민 102명 중 44명이나 죽었습니다. 살아남은 사람도 식량이 떨어져 굶어 죽을 위기에 처했을 때, 인디언이 먹을 것을 주어 겨우 목숨을 건질 수 있었습니다.

이듬해 봄, 인디언은 청교도에게 농사짓는 법까지 알려주며 새로운 땅에 안착할 수 있도록 도와주었습니다. 인디언의 도움으로 옥수수, 호박, 감자 등 각종 작물을 심은 후 가을철에 첫 수확을 거뒀습니다. 예상보다 많은 수확량에 청교도는 기뻐했습니다. 청교도들은 11월 네 번째 목요일에 첫 수확을 감사드리는 추수감사제를 하나님께 올리기로 했습니다. 이날 소중한 이웃인 포카노케트족도 초대해 맛있는 고기를 대접하려고 사냥길에 나섰습니다. 사냥에 서툴렀던 그들은 칠면조 몇 마리를 잡았습니다. 추수감사절에 청교도와 인디언은 함께 모여 칠면조 고기를 먹으며 성대한 축제를 통해 서로 간의 우정을 돈독히 나누었습니다.

추수감사절은 본래 청교도만의 축제였지만 독실한 크리스천이었던 에이브러햄 링컨이 1863년부터 공휴일로 지정하면서 모든 미국인의 축제일이 되었습니다. 오늘날에도 추수감사절이 되면 미국 사람들은 칠면조 고기를 먹으며 초기 정착민들의 마음을 헤아리고 있습니다. 메이플라워호를 타고 온 청교도는 정착에 성공했지만, 이들이 오기 13년 전 미국 땅에 먼저 발을 디뎠던 영국인들은 정착에 실패해 서로 비교되고 있습니다. 두 집단 사이에 성공의 희비가 갈린 이유는 의외로 간단했습니다. 제임스타운을 건설한 영국인들은 인디언을 야만인으로 취급해 교화의 대상으로 여겼지만, 청교도는 그들을 이웃으로 여겨 존중했던 것입니다.

1624년, 한 무리의 네덜란드 사람들도 기회를 찾아 미국 땅에 발을 내디뎠습니다. 오늘날의 뉴욕 땅인 맨해튼에 정착한 네덜란드 사람들은 기존 청교도의 방식 대신에 돈을 주고 땅을 사들였습니다. 이처럼 유럽인들의 미국 개척 초기에는 인디언과 관계가 나쁘지 않았습니다. 종교의 자유를 찾아 목숨을 걸고 대서양을 건넌 청교도는 인디언을 선의로 대했습니다. 하지만 다양한 배경을 가진 이민자들이 경제적인 이유로 미국으로 건너와 세력을 키우자 유럽인과 인디언은 충돌을 피할 수 없게 되었습니다. 결국 뒤늦게 들어온 이민자들이 원래 살고 있던 인디언을 공존의 대상이 아닌 멸절시켜야 할 적으로 여기면서 인디언들의 피비린내 나는 수난사가 쓰이게 되었습니다.

★

청교도적인 삶을 살다 간
100달러의 주인공

어느 나라든지 화폐 속 인물은 한 나라를 대표하는 위인들로 채워진다. 특히 최고액권 화폐에 등장하는 인물은 그 나라 국민의 존경을 한몸에 받는 사람이다. 세계를 주름잡는 미국의 화폐 중 최고액권은 100달러이다. 이 지폐를 장식하는 인물은 정치, 과학, 철학, 사업 등 많은 분야에서 두각을 나타낸 벤저민 프랭클린Benjamin Franklin이다. '미국을 이해하려면 벤저민 프랭클린을 알아야 한다.'는 말이 있는데 실제로 미국에서『성경』다음으로 많이 팔린 책이『벤저민 프랭클린 자서전』이다.

미국인의 존경을 받는 벤저민 프랭클린

1706년 보스턴의 가난한 청교도 집안에서 태어난 프랭클린의 어릴 적 목표는 개신교 목사가 되는 것이었다. 하지만 목사가 되려면 많은 교육을 받아야 하는데 집안 형편이 어려워 일평생 2년밖에 학교에 다닐 수 없었다. 열 살 때부터 사회생활에 뛰어든 프랭클린은 인쇄소에서 허드렛일을 하며 살아야 했지만, 시간을 허투루 보내지 않으려고 노력했다. 그는 얼마 되지 않는 월급의 반을 책값으로 지출할 정도로 독서에 열중했다. 점심을 과자와 물로 간단하게 해결한 후 남는 시간은 책을 읽는 데 사용했다. 책을 통해 해박한 지식을 얻게 된 프랭클린은 범상치 않은 인물이 되었다.

그는 20대 중반 독립해 인쇄소 사장이 되어 적지 않은 돈을 벌었다. 1731년에는 돈이 없어 책을 구입할 수 없는 사람들을 위해 미국 최초의 공공도서관을 여는 데 결정적인 역할을 했다. 또한 과학자로도 두각을 보여 벼락이 전기의 일종임을 알고 세계 최초로 피뢰침을 개발했다. 그는 피뢰침 외에도 수많은 발명을 통해 큰돈을 벌 수 있었으나 공공의 이익을 중시했다. "내가 이 세상에 살 수 있는 것은 혼자 잘나서가 아니라 많은 사람의 도움이 있기 때문이다. 그러니 나 또한 다른 사람에게 도움이 되도록 살고자 한다."라는 신념으로 발명품을 기꺼이 공유했다. 피뢰침은 삽시간에 전 세계로 보급되어 많은 사람을 벼락으로부터 지켜주었다.

1776년 미국의 독립혁명이 일어나자 프랭클린은 지식인으로서 역할을 하고자 했다. 그는 미국 독립선언서와 헌법을 만드는 데 중요한 역할을 했고 독립 후에는 초대 프랑스 주재 미국 대사가 되어 신생 독립국 미국을 유럽에 알리는 데 주력했다. 공직에서 은퇴한 이후에도 조국을 자유민주주의 국가로 만들기 위해 끊임없는 집필활동을 펼쳤다. 1790년 벤저민 프랭클린이 세상을 떠나자 미국인들은 신 앞에 한 점 부끄럼 없이 산 청교도이자 불굴의 의지로 역경을 이겨내고 수많은 업적을 세운 그를 기리기 위해 100달러 지폐의 모델로 삼았다. 벤저민 프랭클린은 최선을 다하면 원하는 것을 이룰 수 있다는 아메리칸드림을 실천한 첫 번째 미국인으로 오늘날에도 추앙받고 있다.

2장

아메리카의 원래 주인,

인디언

높은 정신세계를 가진 인디언 사회

까마득한 옛날 아시아에 살던 사람들이 작은 배를 타고 아메리카 대륙으로 넘어와 생활하게 되면서 북미 땅에 사람이 살기 시작했습니다. 17세기 초반 청교도가 신대륙에 도착했을 무렵, 이곳에 사는 인디언은 수백만 명이나 되었지요. 인디언은 부족 단위의 생활을 했기 때문에 한 번도 강력한 단일국가를 세운 적이 없었습니다. 부족마

유럽인들과 다른 문화를 가진 아메리카 인디언

다 우두머리인 추장이 있어 휘하의 사람들을 돌보았습니다. 인디언 사회는 동시대의 유럽 왕국과 달리 평등한 사회였습니다. 왕정국가의 국왕은 백성들을 동원해 거대한 궁궐을 짓고 세금을 거두어 호사스러운 생활을 누리는 것을 영광으로 생각했지만, 인디언 추장은 부족 주민들과 비슷한 삶을 유지하려고 노력했습니다. 추장은 군대를 동원해 백성들을 억압한 것이 아니라, 자신이 가지고 있던 잉여재산을 베풀면서 존경을 받았습니다.

'식사를 제공하다, 소비하다.'라는 뜻의 포틀래치potlatch는 인디언 사회의 특징을 가장 잘 보여주는 행사입니다. 북서부 아메리카 지역의 부유한 인디언들은 자녀의 출생, 성년식, 결혼식, 장례식 등 중요 행사마다 사람들을 초대해 수일 동안 성대한 잔치를 벌였습니다. 행사가 끝나면 참가한 사람들에게 그동안 모아 둔 재물을 아낌없이 나누어 주었습니다. 많이 나눠 줄수록 권위가 인정되었고, 훌륭한 사람으로 부족원의 존경을 받았습니다. 반면에 창고에 재물을 가득 쌓아 둔 채 베풀지 않는 부자는 비웃음의 대상일 뿐이었습니다. 따라서 부자들은 사람들의 존경을 받기 위해 베푸는 일에 큰 관심을 가졌습니다. 포틀래치는 사회의 분열을 막고 통합하는 데 중요한 역할을 했습니다. 이러한 행사를 통해 소득 양극화 문제를 해결함으로써 상대적 박탈감을 최소화할 수 있었지요.

인디언 사회의 또 다른 특징은 종교의 영향을 덜 받았다는 점입니다. 대부분의 인디언 사회에서는 성직자도, 우상도, 희생양도 존재하

인디언 나눔의 문화인 포틀래치

지 않았습니다. 인디언의 숭배 대상은 전지전능한 신이 아니라 위대한 정신이었습니다. 인디언은 종교에 얽매이지 않다 보니 한 번도 종교분쟁을 겪지 않았습니다. 역사적으로 볼 때, 종교로 인해 수많은 사람이 죽임을 당하거나 핍박받아 왔습니다. 하지만 인디언은 종교를 이유로 다른 사람을 탄압하는 것은 바보 같은 짓으로 여길 정도로 수준 높은 정신세계를 가졌습니다. 그들은 자연과 더불어 살기를 추구한 사람들입니다.

인디언의 주식은 옥수수, 그리고 버펄로라 불리는 아메리카들소였습니다. 청교도가 미국 땅에 처음 발을 내디뎠을 때만 하더라도 북아메리카에는 4,000만 마리 이상의 버펄로가 살았습니다. 대평원에 가면 한가로이 풀을 뜯는 버펄로를 얼마든지 사냥할 수 있었으나 인디언은 생존에 필요한 만큼만 사냥했습니다. 백인이 등장하기 이전까지만 해도 버펄로는 대평원을 누비며 평온하게 살아갔습니다.

인디언과 버펄로의 슬픈 운명

아주 오랜 기간 아메리카 대륙의 주인은 인디언이었습니다. 그러나 17세기에 들어온 청교도를 비롯, 미국으로 유입되는 유럽인의 수가 폭발적으로 늘기 시작하자 환경이 바뀌고 말았지요. 개척 초기에는 종교의 자유를 찾아서 온 사람이 대다수였으나, 차츰 경제적 이유로 미국 땅을 밟는 사람의 수가 늘어났습니다. 손바닥만 한 땅도 없는

인디언에게 꼭 필요했던 버펄로

유럽의 빈민들에게 미국의 광활한 평야는 주인 없는 땅으로 비추어졌습니다. 그러나 북미 대륙 전역에 걸쳐 살던 인디언이 대부분의 비옥한 토지를 차지하고 있었기 때문에 백인들이 땅을 소유할 수 있는 유일한 방법은 인디언의 토지를 강탈하는 것뿐이었습니다. 인디언을 쫓아내는 가장 효과적인 방법은 무엇이었을까요? 바로 무자비한 버펄로 사냥이었습니다. 인디언은 버펄로 고기를 주식으로 먹었고, 가죽으로는 옷과 신발을 만들었습니다. 주거용 텐트인 티피teepee 역시 버펄로 가죽이 없으면 만들 수 없었습니다. 따라서 버펄로가 사라진다면 인디언은 의식주 모두를 위협받게 되는 상태였습니다.

버펄로 가죽으로 만드는
인디언의 주거용 텐트 티피

인디언 학살로 악명을 떨친 윌리엄 셔먼 장군

1830년대 미국 정부는 인디언 말살 계획의 하나로 버펄로 사냥을 무제한 허용했습니다. 이때부터 전문적인 버펄로 사냥꾼이 등장해 들소 가죽을 대량으로 수출하기 시작하면서 버펄로는 대폭 줄어들게 되었지요.

1865년 남북전쟁이 끝나자 인디언에게 재앙이 찾아왔습니다. 링컨 행정부가 대륙횡단철도 건설에 박차를 가하면서 인디언

제거에 나섰기 때문입니다. 같은 해 7월, 최고 사령관 율리시스 그랜트Ulysses Grant 장군은 윌리엄 셔먼William Sherman 장군에게 철도건설에 방해가 되는 인디언들을 몰살하라고 명령했지요. 당시 군부 내 2인자였던 셔먼 장군은 잔혹하기로 악명을 떨치던 사람이었습니다. 학살에 앞서 셔먼은 "인디언을 공격할 때는 남자와 여자, 노인과 아이를 구분하지 말고 모두 죽여라. 선량한 인디언은 오로지 죽은 인디언뿐이다. 올해 인디언을 많이 죽여야 내년에 죽일 인디언이 그만큼 줄어든다."라고 말했을 정도로 인디언을 혐오했습니다.

인디언 학살에 앞장선 것은 백인만이 아니었습니다. 해방된 흑인 노예도 돈벌이를 위해 적극적으로 인디언 사냥에 나섰습니다. 백인은 인디언을 먼저 공격해, 그들이 반격해 오면 이를 빌미로 대량학살

을 저질렀습니다. 대부분 백인이 먼저 공격했음에도 언론은 편파성 기사를 내보냈습니다. 인디언의 무자비한 공격을 응징하는 차원에서 공격했다고 왜곡했지요. 사정을 잘 모르는 평범한 미국인들은 언론을 통해 만들어진 인디언의 부정적인 이미지가 전부인 줄 잘못 알게 되었습니다.

마구잡이로 버펄로를 죽인 윌리엄 코디

백인은 직접적인 인디언 소탕과 더불어 그들을 괴롭힐 수 있는 또 하나의 방법인 버펄로 사냥에도 열을 올렸습니다. 그들은 닥치는 대로 버펄로를 죽여, 과거 4,000만 마리가 넘던 버펄로는 1890년 무렵 1,000마리도 남지 않게 되었습니다. 버펄로를 많이 죽인 사람이 영웅 취급을 받기도 했습니다.

윌리엄 코디William Cody는 버펄로를 너무나 잘 죽여 '버펄로 빌'이라는 별명을 얻은 사람입니다. 그는 8개월 동안 4,280마리의 버펄로를 죽여 최고의 사냥꾼이라 불렸습니다. 또한 '8시간 동안 버펄로 많이 죽이기 대회'에 출전해 69마리를 죽여 1등을 하기도 했습니다. 그는 인디언과의 전투에도 적극적으로 참여해 버펄로를 죽이듯이 수많은 인디언을 죽였습니다. 1872년, 윌리엄 코디는 공로를 인정받아 정부로부터 최고 무공훈장을 받았습니다. 버펄로가 멸종 위기에 이르자, 인디언은 생존을 위해 미국 정부가 주는 식량에 의존해야 했습니다. 이것은 정부가 내세운 "버펄로 한 마리를 죽이면 인디언 열 명이 죽는다."라는 인디언 탄압정책이 실현되었음을 의미했습니다. 살아남기 위해서 인디언은 끝도 없이 펼쳐진 대평원을 내어 주고 비좁은 '인디언 보호구역'에 갇히는 신세로 전락하고 말았습니다.

유령 셔츠를 입은 수Sioux족과 약속의 땅

미국 정부는 '먹고살기 힘들어진 인디언을 돕는다.'라는 명분으로 그들을 보호구역 안에 몰아넣었습니다. 대평원을 마음껏 누비고 다니던 인디언은 좁은 땅에 갇히자 엄청난 스트레스를 받기 시작했습니다. 인디언 수Sioux족*은 보호구역 안에서 아무 일도 하지 않고 시간만 보내야 하는 현실의 괴로움을 잊기 위해 '유령의 춤'이라는 종교를 믿기 시작했지요. 그들이 예언자의 인도에 따라 격렬히 춤을 추다가 어떤 상태에 이르면 이전처럼 자유로운 세상, 그리고 사라져 버린 버펄로가 초원으로 돌아오는 환상이 보였습니다. 일종의 종말론적 신앙이었습니다. 또한 '유령 셔츠'를 입으면 백인의 총탄을 피할 수 있다고 믿어 모두 같은 옷을 입었습니다. 정부는 이들을 탐탁지 않게 여겼지만, 인디언 보호구역에 있는 이상 문제 삼지는 않았습니다.

---

* 북미의 평원 인디언으로 수어족(語族) 언어를 쓰는 부족.

괴로움을 잊기 위해 '유령의 춤'을 믿은 수족

1890년 겨울, 수족 인디언 350여 명은 '봄이 오면 구세주가 미국 전역에 지진을 일으켜 백인을 몰살하고 억울하게 죽은 인디언을 살려낼 것'이라는 믿음을 갖게 되었습니다. 이에 안전한 땅으로 이주하기 위해 인디언 보호구역을 나섰습니다. 이 소식을 접한 미국 정부는 그들을 제압하기 위해 기병대를 보냈습니다. 약속의 땅으로 이동하던 수족은 기병대와 마주치고 말았지요. 수족은 애초부터 백인과 충돌할 생각이 없었지만, 미 기병대는 이들을 순순히 보내 줄 생각이 없었습니다. 기병대는 기관총 4정을 동원해 닥치는 대로 학살했습니다. 현장에서 153명이 즉사하고 부상자 147명은 움직일 수 없어 길에서 얼어 죽었습니다. 사망자 대부분은 무기도 전혀 갖고 있지 않던 여성과 어린이였습니다.

백인에 의해 몰락한 수족

　당시 수족이 입고 있었던, 총알이 피해 간다는 '유령 셔츠'는 아무
런 역할도 하지 못했습니다. 그들의 목적지였던 '약속의 땅'에 살아
서 도착한 사람은 47명에 불과했지요. 이후 인디언 보호구역에 갇
힌 사람들은 좀처럼 밖으로 나올 수가 없었습니다. 한편, 미국 의회
는 학살에 참여한 미군 병사 20명에게 훈장을 수여하며 공로를 치하
했습니다. 미국 정부는 보호구역 안에 사는 인디언들에게 일자리는
주지 않고 생계비를 지원해 주는 정책을 펼쳤습니다. 할 일이 없어진
인디언들은 소일거리를 위해 술을 마시기 시작했습니다. 점점 술에
의존하다 보니 결국 수많은 사람이 알코올 중독자가 되고 말았지요.

알코올에 중독된 인디언은 생식능력이 떨어지면서 대를 잇지 못하는 경우가 많았습니다. 설령 아기를 낳더라도 알코올에 뇌가 손상되어 정상적인 지능을 갖지 못한 아이가 부지기수였습니다. 알코올 중독자의 자녀들은 정상적인 가정과 달리 10대 초반부터 술을 마시기 시작해 대를 이어 알코올 중독자로 전락했습니다. 인디언은 수천 년간 평원을 누비며 살던 유목 민족이어서 좁은 공간에 갇혀 사는 일 자체가 고문과 같았습니다. 보호구역의 많은 집들은 부엌과 화장실조차 제대로 갖춰지지 않은 조악한 건물이었습니다. 집이라고 부르기조차 어려울 정도로 값싼 자재를 이용해 비바람만 막아주는 허술한 오막살이에 불과했습니다. 더구나 상하수도 시설도 제대로 갖추어지지 않아 위생문제도 심각했지요.

인디언 보호구역은 미국 내에서 알코올 중독, 마약 중독, 폭력, 실업률, 자살률이 제일 높은 지역으로 분류되며 사회에서 철저히 소외되고 있습니다. 그사이 인구도 계속 줄어 그 입지가 나날이 축소되고 있습니다.

끊임없이 소비만 반복하는 인디언의 무력한 삶

오늘날 미국 정부는 인디언에게 다양한 혜택을 주기 위해 노력하고 있습니다. 이제는 인디언들이 보호구역 밖에서도 자유롭게 살 수 있습니다. 대신 그런 경우 연방정부에서 제공하는 모든 혜택이 박탈되지요. 인디언 보호구역의 학생들은 성적이 부족하더라도 특혜를 통해 대학에 진학할 수 있습니다. 인디언 학생 우대정책으로 인해 대학진학률이 80%에 이르지만, 상당수는 중간에 학업을 포기하고 다시 고향으로 돌아가고 있습니다. 보호구역 안에서는 영어 대신 부족어를 사용하는 경우가 많아 인디언 학생들은 미국에 살고 있어도 영어 실력이 부족합니다. 또 오랜 격리 생활로 외부 사람들과 의사소통하는 능력이 떨어져 정상적인 교우관계를 맺기 어렵습니다. 낯선 환경에 적응하지 못해 중도에 학업을 포기하고 고향으로 돌아온 젊은 이들은 더욱 위축되어 외부와 접촉을 꺼리며 마약이나 알코올에 의존해 살아가기 일쑤입니다.

도박으로 풍요로운 삶을 사는 샤코피족의 카지노

1980년대부터 정부는 인디언의 소득 증진 차원에서 카지노 사업을 추진했습니다. 미국에서 도박은 일부 주를 제외하고 규제의 대상입니다. 하지만 연방정부는 인디언 보호구역에서 도박업을 마음껏할 수 있도록 허용했습니다. 이로 인해 인디언 보호구역은 순식간에 도박 천국으로 변했습니다. 카지노를 하기 위해 주말마다 엄청난 수의 외지인이 보호구역으로 몰려들었고 그들이 뿌리고 가는 달러가 넘쳐나기 시작했습니다. 직접 힘들게 일할 필요가 없을 만큼 많은 돈을 번 인디언은 종업원을 고용해 도박장을 운영했습니다.

실제로 미네소타 인디언 보호구역의 샤코피Shakopee 부족(총인원 480여 명)은 카지노 수익금으로 1인당 매월 8만 달러 넘는 돈을 배당받습니다. 연소득으로 따지면 100만 달러가 넘는 돈입니다. 이들 중 99% 이상이 무직자로서 쇼핑하는 일로 인생을 보냅니다. 열심히 공부할 필요도 없어서 학교에 다니지 않는 경우가 대부분이지요. 도박장이 들어서기 전까지만 해도 이들은 낡은 집에 살면서 정부의 식품보조를 받고 살고 있었습니다. 갑자기 부자가 된 인디언 중에는 우울증 환자가 많습니다. 생산적인 일을 하지 않고 끊임없이 소비만을 하는 삶은 허무감을 가져오기 때문이지요. 게다가 2015년부터는 인디언 보호구역에서 마약의 일종인 대마초를 재배하여 판매하는 것을 허용해 또 다른 논란을 불러일으키고 있습니다. 미국 사회에서 엄격하게 규제하는 마약을 인디언 보호구역에서 합법화할 경우 대마초를 취급하는 인디언이 가장 먼저 중독될 가능성이 크기 때문에 반대하는 목소리도 큽니다. 백인이 미국 땅에 등장하기 전까지 인디언은 어떤 민족보다도 건강한 삶을 살았지만, 오늘날 인디언 보호구역은 도박, 마약, 술, 돈이 넘치는 곳으로 전락해 버렸습니다.

★

인디언을 괴롭히는
인디언 보호법

한때 아메리카 대륙의 주인이었던 인디언 인구는 오랜 기간 지속된 백인들의 탄압으로 인해 급속도로 줄어들었다. 인디언 보호구역에 거주하는 이들은 삶의 의욕을 잃어버리고 알코올과 약물에 의존해 살아가는 경우가 많다. 자신조차 제대로 관리하지 못하는 인디언은 자녀 교육에도 관심이 없다. 양육권을 포기한 채 자녀를 아동보호기관에 떠넘기기 일쑤이다. 아동보호기관은 정식으로 입양이 될 동안 자원봉사자들에게 아이들을 위탁한다. 그들 중 일부는 아이와 정이 들어 정식으로 입양하기도 한다.

2012년, 캘리포니아에 살던 페이지 부부는 인디언 촉토족 출신의 17개월짜리 여자아이 렉시Lexi를 정식 입양 때까지 돌보았다. 렉시 아빠는 온갖 범죄를 저지르고 감옥을 제집처럼 들락거리던 사람이었다. 렉시 엄마 역시 약물 중독자로 여섯 명의 자식을 낳았지만 제대로 돌볼 의지조차 없었다. 렉시 부모가 자녀에 대한 양육권을 포기하자 자식들은 뿔뿔이 흩어졌다. 페이지 부부는 세 명의 자녀가 있었지만 렉시를 정성껏 돌봐주면서 친딸처럼 아껴주었다.

2016년 페이지 부부는 렉시를 정식으로 입양하기로 하고 아동보호기관에 입양신청서를 제출했다. 그러나 아동보호기관은 페이지 부부의 입양신청을 거부했다. 1978년 제정된 '인디언아동복지법' 규정 때문이었

이별을 앞둔 렉시와 양아버지

다. 당시 정부는 사라져가는 인디언의 혈통을 보존하기 위해 부모가 양육
권을 포기한 아동은 인디언 가정이 우선적으로 입양하도록 했다. 입양을
원하는 인디언 가정이 없을 경우, 해당 부족이 입양권자를 지정할 수 있
는 권한을 주었다. 즉, 페이지 부부가 렉시를 입양하려면 촉토족의 동의
가 필요했다. 그러나 촉토족은 페이지 부부의 입양 제안을 거부하고 렉시
의 먼 친척을 입양자로 정했다. 렉시의 보호자가 된 사람은 인디언이 아
니라 백인이었다. 오히려 페이지 부부 중 아내가 촉토족은 아니지만 정통
인디언이었다.

페이지 부부는 렉시를 입양할 수 있도록 법원에 소송을 제기했지만 1
심과 2심에서 연달아 패소했다. 결국 법원 판결에 따라 부부는 렉시를 새
부모에게 넘겨줘야 했는데 이 과정에서 한바탕 소동이 일어났다. 아동보
호기관 직원이 렉시를 데리러 오자 페이지 부부를 응원하는 동네 주민들
이 구호를 외치며 항의 시위를 벌인 것이다. 이 장면은 방송을 타고 미국
전역에 중계되었다. 아동보호소 직원에게 렉시를 빼앗긴 페이지 부부가
모든 것을 잃은 듯 땅바닥에 뒹굴며 눈물을 흘리자 지켜보던 사람들도

안타까워했다. 렉시 역시 이별을 슬퍼한 것은 마찬가지였다.

렉시를 포기할 수 없었던 페이지 부부는 연방 대법원에 호소하기로 마음먹었다. 이들이 연방 대법원의 문을 두드린 것은 지난 2009년에 비슷한 사례가 있었기 때문이다. 태어나자마자 버림받은 체로키족 아기를 입양한 백인 부부는 체로키족의 반대로 정식 입양에 실패한 채 아기를 빼앗겼다. 그러나 연방 대법원은 아기를 가장 잘 키울 수 있는 사람은 기존의 양부모라고 판단해 백인 부부가 계속 아이를 키울 수 있도록 배려해주었다. 유사한 상황에 놓인 페이지 부부는 내친김에 '인디언아동복지법은 인권을 최상의 가치로 규정한 미국 헌법에 반한다.'라고 생각해 위헌 소송도 함께 제기했다. 페이지 부부는 언제 끝날지 모르는 연방 대법원 판결에 희망을 걸고 있다.

3장

피와 눈물로 차별을 극복한

흑인

노예시장 앞바다에 몰려든 상어 떼

1607년 4월 영국에서 들어온 100여명이 오늘날의 버지니아주에 정착촌 제임스타운을 건설하면서 미국의 개척 시대가 시작되었습니다. 13년 후인 1620년 11월에는 102명의 영국 청교도가 종교의 자유를 찾아 아메리카 땅을 밟았지요. 미국에 정착한 백인들은 인디언의 전통 기호품이던 담배의 독특한 맛에 매료되었습니다. 담배는 이내 유럽에 소개되어 상류층 중심으로 큰 인기를 끌었습니다. 밀, 옥수수 같은 곡물과 달리 담배 농사는 일손이 많이 갔습니다. 정착민들은 흑인의 노동력을 이용해 담배를 재배해서 유럽으로 수출, 생계를 잇고자 했습니다.

미국 건국 초기부터 존재했던 흑인 노예

제임스타운이 건설된 지 12년 만인 1619년, 정착민은 노동력 확보 차원에서 처음으로 20여 명의 흑인을 받아들였습니다. 이들은 원래 카리브해의 사탕수수 농장에서 일하고 있었는데, 일정 기간 백인 농장에서 노동력을 제공하면 자유를 얻을 수 있는 '계약하인' 신분으로 미국 땅에 들어왔습니다. 그래서 노예보다는 훨씬 나은 처지였지요. 실제로 이주 흑인은 계약 기간이 끝나면 자유인이 되었습니다. 그런데 1640년, 계약하인 한 명이 주인집에서 도망치다가 붙잡히는 일이 벌어지면서 분위기가 달라지기 시작했습니다. 법원은 "흑인은 목숨이 붙어 있는 한 언제 어디서든 백인 주인을 섬겨야 한다."라고 판결했습니다. 이 일을 계기로 흑인 계약하인은 사실상 노예 신분으로 전락하고 말았습니다.

17세기 후반에 접어들어 남부 지방이 본격적으로 개척되자 노동

노예무역 상인

력 부족 문제가 불거졌습니다. 이주 백인들은 인디언을 쫓아내고 비옥한 경지를 손쉽게 차지했으나, 농사 지을 일손이 부족해서 땅을 놀려야 하는 상황이 되자 흑인 노예를 수입하기 시작했지요. 약삭빠른 유럽 상인은 아프리카로 몰려갔습니다. 그들은 아프리카 정글을 헤집고 다니며 마치 동물을 사냥

노예무역의 중심이었던 고레섬

하듯이 흑인을 잡아들였습니다. 미국에 흑인 노예를 파는 것이 큰 이익이 될 것으로 생각해서였지요. 시간이 흐르자 직접 사냥할 필요도 없었습니다. 백인 노예상은 술, 화약, 면직물 등 유럽산 상품들을 미끼로 흑인을 사들였습니다. 한편 아프리카는 수많은 부족들로 구성되어 있습니다. 자연스럽게 부족 간에 사이가 좋지 않은 경우도 많았지요. 유럽 상인은 이 점을 이용해 부족 간 전쟁을 부추겼습니다. 유럽 노예 상인이 제공한 총으로 무장한 부족은 이웃 부족을 침략했고, 붙잡은 사람들을 노예로 팔아 치웠습니다.

　이처럼 유럽 상인은 인간의 탐욕과 증오심을 이용해 얼마 되지 않는 돈으로 흑인을 사들였습니다. 붙잡힌 흑인은 대부분 세네갈의 고레Goree섬*으로 끌려갔습니다. 그리고 그곳에서 노예로서 상품 가치가

---

* 15~18세기 말까지 아프리카 연안 노예무역의 중심지.

노예선의 흑인들

있는지 없는지 분류를 당했습니다. 성인 남자 노예로 선발되려면 몸무게가 60kg 이상이어야 하고 질병이 없어야 했습니다. 이 조건을 갖추지 못한 흑인은 곧바로 앞바다에 던져졌습니다. 수많은 사람들을 하루가 멀다고 바다에 던지다 보니 상어들이 항상 해안가를 어슬렁거리고 다녔습니다. 운 좋게 살아남은 흑인의 미래도 처참하기는 마찬가지였습니다.

노예선은 애초부터 최대한 많은 흑인을 태우도록 설계되었습니다. 노예선의 화물칸은 여러 층으로 구성되어 있었는데 천장까지의 높이가 워낙 낮아서 쭈그려 앉거나 누울 수만 있었습니다. 노예들은 쇠사슬에 묶인 채로 배 밑바닥부터 채워졌는데, 아프리카에서 미국으로 가는 도중 영양실조로 많은 사람이 희생되었습니다. 또 족쇄에 채워져 제대로 씻을 수도 없고 화장실조차 갈 수 없었기 때문에 배 안의 위생 상태는 형편없었습니다. 이로 인해 전염병으로 병들거나 죽은 노예는 모두 바다에 버려졌습니다.

　미국에 도착한 흑인은 노예 시장을 통해 뿔뿔이 팔려나가 농장에 들어갔고, 이후 고단한 삶을 살아야 했습니다. 흑인 노예가 점점 늘어나자 백인들은 노예에 관한 미국 최초의 법 규정을 1662년 버지니아에서 제정했습니다. 버지니아법은 어머니가 노예일 경우 새로 태어난 아이는 무조건 노예로 정했습니다. 설령 노예가 기독교를 받아들여 세례교인이 되더라도 노예 신분에서 해방되지 않는다고 규정했습니다. 그때까지 백인은 세례받은 흑인을 같은 기독교인으로 대우하며 노예 취급을 하지 않았지만 이후 상황이 달라졌습니다. 버지니아 외 다른 지역에서도 이와 비슷한 법이 만들어지면서 흑인 노예에게는 인간의 권리가 인정되지 않았습니다. 그들은 농업이 주를 이루던 남부는 말할 것도 없고, 북부에서도 노동에 시달렸습니다. 산업 위주의 경제구조를 갖춘 북부에서는 주로 집안의 허드렛일을 하는 등 가사도우미 역할을 했습니다.

　20세기 들어서도 흑인에 대한 차별은 계속 강화되었습니다. 1910년 남부 테네시주에서 미국 최초로 '한 방울 원칙One-drop rule'이라는 법률이 제정되었습니다. 이는 몸속에 흑인의 피가 한 방울이라도 섞여 있으면 외모가 백인이라도 흑인으로 분류한다는 법이었습니다. 다시 말해 선조 중에 흑인이 한 명이라도 있으면 현재 피부의 색깔이 어떻든 무조건 흑인으로 분류해 차별대우한 것이지요.

흑인 노예와 기독교

　북아메리카 대륙 첫 번째 정착지인 제임스타운은 100여 명의 영국인에 의해 세워졌습니다. 그러나 이후 미국의 주류가 된 것은 제임스타운 정착민이 아니라 종교의 자유를 찾아 대서양을 건너온 청교도였습니다. 기독교는 기본적으로 평등 정신을 추구하기 때문에 철저한 인종차별을 바탕으로 하는 노예제와 어울리지 않아 보이지만 현실은 달랐습니다. 목사들은 성경에 노예제도를 없애라는 구절이 없다는 점을 내세워 노예제를 긍정했습니다. 또 흑인을 짐승처럼 다루는 것을 정당화하기 위해 '분리 창조론'이라는 이론까지 만들어 냈습니다. 분리 창조론이란 '신은 흑인과 백인을 따로 창조했기 때문에 백인이 흑인을 차별하는 것은 전혀 문제가 되지 않는다. 또 흑인은 미개한 종족이기 때문에 백인의 지배를 받는 것은 당연하다.'라는 주장입니다. 남부에서 경제를 지탱하는 원동력은 흑인 노예였기 때문에 성직자를 비롯한 백인들은 어떻게든지 흑인을 노예로 묶어 놓으려고 했던 것이지요. 힘든 노예 생활을 견디기 위해 흑인들은 점점 기독교를 믿게 되었습니다. 현실이 지옥과 다름없었던 흑인은 죽어서 갈 천국에 대해 환상을 품고 하루하루를 버텨 나갔습니다. 현실은 한없이 힘들지만 고된 인생을 마감하고 천국에 가면 행복을 누릴 수 있을 것이라는 희망으로 노예 생활을 감내했습니다.

　인간은 모두가 평등한 신의 창조물이라는 성경의 내용과 달리 흑인은 소, 돼지와 다를 것 없는 가축으로 분류되었습니다. 노예해방이 이루어진 지 150여 년이 지난 오늘날에도 흑인과 백인이 같은 교회를 다니는 일은 많지 않습니다. 흑인과 백인은 각각의 교회를 다니며 그들이 믿는 신을 경배하고 있습니다.

악명 높은 짐 크로우 법

1830년대 백인 코미디언 토머스 라이스Thomas Rice는 누더기를 걸치고, 타다 만 코르크 마개를 이용해 얼굴을 검게 칠했습니다. 그는 무대에서 '짐 크로우'라는 흑인으로 분장해 우스꽝스러운 몸짓과 대사로 관객을 웃겼습니다. 연극이 인기를 끌자 라이스는 한순간에 최고의 코미디언으로 명성을 떨쳤습니다. 하지만 라이스의 연극 속에 등장한 흑인은 더럽고 탐욕스럽고 무식한 모습으로 표현되어 인종 차별적 요소가 다분했습니다. 이후 '짐 크로우'라는 말은 흑인을 무시하거나 경멸하는 단어와 같은 의미로 사용되었습니다.

1863년 1월 1일 남북전쟁 도중, 링컨이 노예해방을 선언하며 흑인에게 자유를 주었습니다. 하지만 노예제가 광범위하게 펼쳐져 있던

흑인을 폄하하는 내용의
짐 크로우 쇼

남부 주에서는 별다른 효과를 발휘하지 못했습니다. 흑인들의 정치 참여 열기가 고조되기 시작한 것은 이들에게도 참정권이 부여된 종전 후부터입니다. 흑인들은 빼앗긴 권리를 회복하기 위해 대거 투표장에 몰려나가게 되었지요. 이를 지켜본 남부의 백인들은 고민에 빠졌습니다. 남부는 북부에 비해 인구구성 면에서 흑인이 차지하는 비중이 매우 높아서 흑인에게 참정권이 생기면 백인이 흑인의 지배를 받는 역전현상도 생길 수 있는 상황이었지요. 하지만 남부의 백인들은 대책을 마련하기가 쉽지 않았습니다. 북부 연방군이 종전 후에도 계속 남부에 주둔하고 있었기 때문이었지요.

그러나 북부 연방군의 압박이 느슨해지자 남부 백인은 흑인을 차별하기 위해서 이전부터 준비해 온 '짐 크로우 법*'을 제정했습니다. 남부에는 다양한 형태의 짐 크로우 법이 존재했습니다. 특히 흑인의 선거권 박탈을 집요하게 노렸습니다. 1890년 미시시피주는 문맹자에게 참정권을 주지 않는 법안을 마련해 흑인의 선거권을 박탈했습니다. 시험을 보게 하여 헌법을 읽고 해석할 수 있는 흑인에게만 선거권을 부여한 것입니다. 당시 대부분의 흑인들은 글을 읽고 쓸 줄 몰랐기 때문에 시험에 통과할 수 없었지요. 그들은 자격요건 미달로 투표장에 갈 수 없었습니다. 이후 루이지애나, 사우스캐롤라이나, 텍사스, 버지니아, 앨라배마 등 남부 전역에서 흑인 선거권 박탈을 위한 제도가 마련되었습니다.

---

* 1876년에 제정된 미국의 인종 차별법. 공공장소에서 흑인을 백인과 차별하는 규정.

인두세[*]를 내지 않은 흑인에게는 참정권을 주지 않는 주들도 여럿 있었습니다. 당시 2달러의 인두세는 가난한 흑인이 낼 수 없는 큰돈이었습니다. 이와 같은 교묘한 흑인 참정권 방해 정책으로 인해 1890년대 들어서자 남부 흑인의 정치참여도는 급격히 낮아졌습니다. 1890년대 이전 루이지애나주의 흑인 유권자 등록률은 96% 이상이었지만 1904년에는 1.1%까지 줄어들었습니다. 미시시피주는 1888년 27%이던 흑인 유권자 등록률이 1895년 0%로 떨어졌습니다. 참정권이 박탈되자 흑인은 차별과 무시의 대상으로 전락하고 말았습니다. 의회를 장악한 백인은 입법 활동을 통해 흑인의 권리를 하나씩 박탈했습니다. 백인이 맞은편에서 걸어오면 흑인은 옆으로 비켜서서 백인이 지나갈 때까지 기다려야 했습니다. 그러지 않으면 매를 맞거나 투옥되어 고초를 겪었습니다. 또 세 명 이상의 흑인이 한곳에 모이는 것은 금지되었고, 흑인에게 글을 읽고 쓰는 법을 가르쳐 주는 것을 법으로 금지하는 주도 있었습니다.

이처럼 남부의 백인이 흑인에게 통제를 강화한 것은 흑인 수가 빠른 속도로 늘어났기 때문입니다. 흑인은 백인에 비해 많은 자식을 낳았는데 이는 백인에게 큰 위협이 되었습니다. 이로 인해 남부 백인들은 모든 수단을 총동원해 흑인을 옭아매려고 했습니다.

---

[*] 각 개인에게 일률적으로 매기는 세금.

흑인을 미국 시민으로 인정하지 않은 미국 법원

남북전쟁 이전부터 미국의 흑인은 반인륜적인 노예제와 맞서기 위해 폭동을 일으키거나 권리청원을 하는 등 다양한 방법을 활용했습니다. 그러나 이들의 고통을 알아주는 백인은 많지 않았습니다. 설령 흑인에게 우호적인 백인이 있더라도 체계화된 인종차별 시스템을 바꿀 수는 없었습니다. 그 대표적인 사례가 '드레드 스콧Dred Scott 사건' 이었습니다.

드레드 스콧은 1799년 노예제를 합법화 한 버지니아주에서 흑인 노예로 출생했습니다. 그는 백인 주인을 따라 일리노이주와 위스콘신주에서 살면서 주인의 허락 아래 결혼도 했습니다. 일리노이와 위스콘신은 노예제를 폐지한 자유 주여서 가능한 일이었지요. 1840년 스콧은 주인을 따라 가족과 함께 미주리주로 이주했습니다. 몇 년 후 주인이 사망하자 스콧은 1846년 미주리주 대법원에 본인과 가족을 자유인으로 인정해 달라는 소송을 제기했습니다. 하지만 1852년 미주리주 대법원이 스콧의 주장을 인정하지 않아 노예 신분을 벗어날 수 없었습니다 그는 존 샌포드John Sandford라는 사람의 소유가 되고 말았는데, 아이러니하게도 존 샌포드는 노예제를 반대하던 뉴욕주에 살고 있었습니다. 스콧은 다시 1853년, 미주리 대법원을 상대로 소송을 제기했습니다. 그러나 미주리 대법원은 '스콧은 노예에 지나지 않기 때문에, 즉 법적인 권리를 지닌 시민이 아니기에 소송의 당사자가 될 수 없다.'라며 소송을 기각했습니다. 이 같은 판결을 받아들일 수 없던 스콧은 마침내 미국 최고의 권위를 가지는 연방 대법원에 소송을 제기했습니다. 당시 9명의 대법관 중 5명이 노예제를 찬성하는 남부 출신이었기 때문에 결과는 예정된 것이나 다름없었습니다. 연방 대법원은 '흑인 노예가 자유 주에서 살았다는 이유만으로 자유인이 될 수 없고 스콧은 미국 시민이 아니기에 소송을 제기할 자격조차 없다. 흑인은 노예든 자유인이든 미국의 시민이 될 수 없으며 연방 의회

자유를 얻으려 법정투쟁에 나선 드레드 스콧

는 노예제를 금지할 권한이 없다.'라고 판결하며 노예제도를 긍정했습니다.

미국 헌법은 인간의 자유와 평등을 명시하고 있지만 연방 대법원과 주 법원이 노예제를 적극적으로 옹호하면서 흑인에 대한 차별은 계속되었습니다. 노예제를 근간으로 경제가 운용되는 남부의 경우 흑인과 백인의 결혼이 금지되었고, 사립학교는 물론 공립학교에서조차 함께 어우러져 공부할 수 없었습니다. 식당, 화장실, 수영장 등 공공장소에서 흑백이 분리되었으며 흑인은 차별의 대상이었습니다.

미국사회의 근간을 뒤흔든 연방 대법원 판결

남북전쟁이 끝난 지 3년 후인 1868년 미국 의회는 수정헌법 제14조를 채택했습니다. 수정헌법은 "어떠한 주도 적법절차에 의하지 아니하고는 모든 사람의 생명, 자유 또는 재산을 박탈할 수 없으며, 법률에 따라 평등한 보호를 해야 한다."라고 규정하고 있습니다. 수정헌법 14조에 의해 흑인도 백인과 동등한 대접을 받을 수 있는 길이 마련되었습니다. 그러나 모든 인간이 평등하다고 규정한 헌법은 연방 대법원의 판결에 따라 유명무실해지는 경우가 다반사였습니다.

1890년 루이지애나주는 기차, 전차의 객실 설비시설은 똑같이 하되 흑인 칸과 백인 칸을 따로 구분하는 인종 분리법을 제정했습니다. 이 법이 시행되자 흑인과 백인은 서로 다른 칸의 열차를 이용하게 되었습니다. 그런데 1892년 흑백 혼혈 호머 플레시Homer Plessy가 인종 분리법에 정면으로 도전 했습니다. 8분의 7은 백인, 8분의 1은 흑인 혈통이었던 플레시의 피부색은 여느 백인과 거의 다르지 않았지요. 그는 백인 열차 칸에 앉아 있다가 차장에게 적발되어 유색인종 열차 칸으로 옮겨가라는 명령을 받았지만 이를 거부해 결국 법률 위반으로 체포되어 곤욕을 치렀습니다. 플레시는 루이지애나 지방법원에 소송을 제기해 미국인이라면 누구나 동등한 보호를 받을 수 있다고 규정한 수정헌법 14조를 내세워 인종 분리법이 위헌이라고 주장했습니다.

하지만 사건을 담당한 재판관 존 퍼거슨John Ferguson은 플레시의 주장을 받아들이지 않고 인종 분리법이 합헌이라는 판결을 내렸지요.

이에 불복한 플레시는 연방 대법원에 다시 소송을 제기했습니다. 이 재판은 '플레시 대 퍼거슨'이라는 사건명으로 재판심리에 들어갔습니다. 1896년 연방 대법원은 7대 1로 루이지애나주의 인종 분리법이 위헌이 아니라는 판결을 내려 큰 파장을 몰고 왔습니다. 당시 인종차별주의자로 가득했던 연방 대법원은 "수정헌법 14조의 인종차별 금지조항은 정부의 활동에만 적용될 뿐, 개인이나 사적인 단체에는 적용되지 않는다. 흑인을 백인과 분리하되 흑인에게 동등한 서비스만 제공하면 합헌이다."라는 판결을 내렸습니다. 이를 계기로 흑인은 화장실이나 열차 등 모든 곳에서 백인과 분리되었습니다. 또 개인이나 사적인 단체가 인종차별을 하더라도 헌법에 위반되지 않는다는 판결을 근거로 삼아 남부를 중심으로 공공연한 인종차별이 이루어졌습니다.

1951년 캔자스주의 평범한 용접공이었던 흑인 올리버 브라운Oliver

흑인 전용 시설을 알리는 표지

인종차별에 맞선
올리버 브라운과 그의 딸

Brown은 8살짜리 딸이 집 근처의 백인 전용 공립학교를 놔두고 멀리 떨어진 흑인학교에 다녀야 하는 현실이 안타까워 백인학교에 전학을 신청했습니다. 하지만 백인학교 교장이 피부색이 다르다는 이유로 거절했고, 이에 브라운은 교육행정을 전담하는 캔자스주 교육위원회를 상대로 소송을 제기했습니다. 그는 '차별을 금지한 수정헌법 14조에 근거해 흑인과 백인이 분리되어 교육받는 것은 위헌'이라는 주장을 펼쳤습니다. 제1심 법원은 '플레시 대 퍼거슨 판결'을 기준으로 삼아 브라운의 청구를 기각했습니다. 항소심 법원은 "캔자스주 교육위원회가 흑인 학생에게 제공한 시설이나 교사의 수준이 백인학교와 동등하므로 실질적으로 평등하다."라는 이유를 들어 항소*를 기각했습니다.

하지만 1954년 연방 대법원이 새로운 판결을 내놓으면서 미국 사

---

* 제1심판결에 대해 불복하여 제2심법원에 재심을 요구하는 신청.

회의 근간을 흔들었습니다. 연방 대법원은 "아무리 좋은 시설, 좋은 교사, 좋은 교육과정이 제공된다 하더라도 흑인을 분리했다는 사실 그 자체만으로 유색인종 아이들에게 나쁜 영향을 미치게 된다. 따라서 분리되지만 동등한Separate But Equal 서비스를 제공하면 문제없다는 기존의 원칙은 더 유지될 수 없다."라는 판결을 만장일치로 내렸습니다. 이 판결로 인해 지난 50년 이상 기준판례로 자리를 지키고 있으면서 인종차별을 합법화한 '플레시 대 퍼거슨 판결'은 효력을 잃게 되었지요.

판결 당시 연방 대법원장은 '사립학교가 아닌 국민의 세금으로 운영되는 공립학교에서 흑인과 백인을 구분하는 것은 명백한 위법행위이기에 모든 주가 가장 빠른 시일 안에 문제를 시정할 것'을 명령했습니다. 북부의 여러 주가 연방 대법원의 명령을 받아들여 흑인의 백인 학교 입학을 허용했지만, 이번에도 남부는 꿈쩍도 하지 않았습니다.

당시 미국 대통령 드와이트 아이젠하워는 "법은 수백 년 동안이나 이어져 내려온 관행을 결코 하루아침에 바꿔 놓을 수는 없습니다."라고 말하며 연방 대법원의 명령을 무시하는 남부 주들을 못 본 척했습니다. 연방정부가 인종차별이라는 악습을 고치려고 하지 않자 1950년대 말에 이르기까지 흑인과 백인이 함께 공부하는 학교의 비율은 전체 학교의 1%에 지나지 않았을 만큼 적었습니다.

몽고메리 버스 사건

1955년 12월, 남부 앨라배마주 몽고메리시의 한 백화점에서 일하던 42세의 로자 파크스_{Rosa Parks}는 집으로 가는 버스에 올랐습니다. 앨라배마주에서 흑인은 악명 높은 '짐 크로우 법'에 따라 버스를 탈 때도 차별을 받았습니다. 흑인 승객은 앞문으로 올라와 버스요금을 낸 뒤 도로 내려서 뒷문을 이용해 타야 했습니다. 버스 안에 설치된 서른여섯 개의 좌석 가운데 뒤편의 좌석만 이용할 수 있었고 버스 기사가 요구하면 자리를 무조건 비워줘야 했지요.

당시 버스 기사는 법규에 따라 흑인 승객이 앉아야 할 자리를 지정하거나 자리에서 일어나게 할 권한을 가지고 있었습니다. 이 같은 법규정을 어길 시 경찰에 체포되어 폭행당하거나 벌금을 내는 등 온갖 곤욕을 치러야 했기 때문에 흑인은 꼼짝없이 악법을 따라야 했습니다.

이날 버스에 올라탄 로자 파크스는 평소처럼 유색인종용 좌석에 앉았는데 그날따라 백인 승객이 많이 타면서 백인용 좌석이 부족하게 되었습니다. 운전기사는 로자 파크스에게 좌석을 양보할 것을 요구했지만 그녀는 묵묵히 자리를 지켰습니다. 이를 지켜본 운전기사와 백인 승객들은 로자 파크스에게 폭언을 퍼부으며 자리를 내놓으라고 했지만 그녀는 끝까지 버텼고 결국 경찰에 체포되고 말았습니다.

로자 파크스는 짐 크로우 법 위반 혐의로 기소되었으나 그녀가 앉아 있던 좌석이 유색인종 좌석이어서 처벌 대신 벌금 10달러만 내고 풀려났습니다. 부당한 세상에 맞서야 한다고 생각한 그녀는 인종차별이 사라질 때까지 버스를 타지 말자는 내용이 담긴 유인물을 3만 5

버스에서 자리를 비키지 않았다는 이유로 처벌받는 로자 파크스

천여 장 만들어 흑인들에게 배포하면서 역사적인 '몽고메리 버스 보이콧' 운동이 시작되었습니다.

흑인운동 지도자, 마틴 루터 킹

몽고메리 보이콧 운동의 시작과 함께 흑인 인권운동 역사상 가장 중요한 인물인 마틴 루터 킹Martin Luther King, Jr.(이하 킹)이 등장했습니다. 킹은 1929년 남부 조지아주에서 침례교 목사의 아들로 태어났습니다. 당시 미국에서 목사의 사회적 지위는 상당히 높기 때문에 그는 어릴 적부터 중산층 이상의 삶을 살았습니다. 별다른 고생 없이 성장기를 보내고 아버지처럼 목사가 되고자 신학교를 마친 킹은 보스턴

흑인 인권운동가 마틴 루터 킹

대학에서 철학박사 학위를 받는 등 당시 흑인으로서는 드물게 최고 수준의 고등교육을 받았습니다.

1954년 학업을 마친 킹은 미국 남부 앨라배마주 몽고메리 침례교회 목사로 부임해 성직자의 길을 걷기 시작했습니다. 이듬해인 1955년 12월 몽고메리 보이콧 사건이 터지자 그는 흑인 인권운동가로 변신해 백인과의 투쟁에 앞장섰습니다. 26살의 청년이었던 킹 목사와 로자 파크스는 힘을 합해 인종차별 철폐 운동에 나섰습니다. 그 첫걸음은 시내버스 이용 시 흑인이 당하는 차별을 없애는 일이었지요. 킹 목사를 비롯한 흑인 인권운동가들은 월요일에는 버스를 타지 말자는 운동을 시작했습니다. 당시 백인은 대부분 자가용을 소유하고 있었기 때문에 버스를 탈 일이 별로 없었지만 가난한 흑인은 버스 없이는 움직일 수조차 없는 상황이었습니다. 하지만 몽고메리시의 흑인 대부분이 버스 보이콧에 참여했지요. 멀게는 30km 넘는 출근길을 걸어가기 위해 새벽같이 일어나 집을 나섰습니다. 자가용을 가진 사람들은 같은 방향의 흑인을 무료로 태워주었고 택시 운전사는 버스요금만 받고 흑인 승객을 목적지까지 데려다주기도 했습니다.

이 광경을 본 백인들은 깜짝 놀랐지요. 하지만 몽고메리시의 백인 기득권층은 시간이 지나면 흑인의 분노가 잦아들어 예전으로 돌아가리라 판단했습니다. 그래서 인종 차별적 제도를 철폐하는 대신 가만히 지켜보았습니다. 만약 흑인의 요구를 받아들인다면 자신감을 얻은 흑인이 앞으로 더 많은 요구를 할 것이라 보았기 때문에 사소한 타협조차도 하지 않았지요. 그러나 백인의 예상과 달리 4만여 명의 흑인이 1년 넘게 버스 보이콧을 멈추지 않자, 381일 만에 버스 내에서의 인종차별이 금지되었습니다. 이제 흑인은 시내버스를 탈 때 백인과 동등하게 원하는 자리에 앉을 수 있게 되었고 뒷문으로 차를 탈 필요도 없었습니다. 몽고메리 버스 보이콧 운동을 주도한 킹 목사는 흑인 인권운동을 상징하는 인물로 부상했지만, 남부의 백인에게는 공공의 적이 되었습니다.

나에게는 꿈이 있습니다

1963년은 에이브러햄 링컨이 노예해방을 선언한 지 100주년이 되는 해였습니다. 킹 목사는 뜻깊은 해를 맞이해 동료 흑인 인권운동 지도자들과 더불어 의미 있는 행사를 준비했습니다. 국회의사당, 백악관 등이 자리 잡고 있어 정치의 심장부나 다름없는 워싱턴 D.C.에서 역사상 최대 규모의 흑인 집회를 개최하기로 한 것이지요. 킹 목사는 어떤 유형의 폭력도 허용하지 않는 평화 집회를 추진했습니다. 그가 비폭력 평화시위를 고집한 것은 인도의 지도자이자 평화운동가인 마하트마 간디의 영향이 컸습니다. 무력으로 인도를 강제 점령한 영국에 맞서 독립투쟁할 당시, 간디는 의도적으로 비폭력 무저항주의 방식을 선택했습니다. 테러나 게릴라전을 펼치면 독립에 방해가 된다고 판단했습니다. 이같은 무력투쟁은 인도에 주둔 중인 소수의 영국군에게 심각한 피해를 줄 수는 있어도 식민지 현실에 대해 잘 알지 못하는 대다수 영국인에게는 오히려 혐오감을 심어주게 될 테니까요. 극소수 식민주의자를 제외한 평범한 영국 사람들의 마음을 얻는 가장 좋은 방법은 바로 평화를 외치는 것이었습니다.

1963년 8월 28일, 무려 25만 명 이상의 인파가 워싱턴 D.C.에 몰려들었습니다. 그들은 인종차별 철폐를 요구하는 사상 최대 규모의 평화적인 집회를 열어 미국을 비롯한 세계를 깜짝 놀라게 했습니다. 이른바 '워싱턴 대행진'이라고 불린 이 집회에는 흑인뿐 아니라 의식 있는 다수의 백인이 참가해 비인간적인 인종차별에 반대하는 백인도 적지 않음을 보여주었습니다. 워싱턴 집회의 연사로 등장한 사람들은 미국 독립선언서, 성경, 수정헌법 등 인권과 관련이 있는 다양한 근거를 내세우며 사람들의 마음을 사로잡으려고 했습니다. 그런데 청중의 반응은 시원치 않았습니다. 많이 배우지 못한 청중에게 연사들이 도무지 이해할 수 없는 수준 높은 이야기를 늘어놓으며 분위기를 썰렁하게 만들자 분위기 반전이 필요한 상황이었습니다. 이때

'워싱턴 대행진' 풍경

킹 목사의 측근이자 가스펠* 가수였던 마할리아 잭슨Mahalia Jackson 이 한 가지 제안을 했습니다. 얼마 전 흑인교회에서 킹 목사가 했던, 꿈에 관한 연설을 여기에서도 했으면 좋겠다는 것이었지요. 이에 킹 목사는 따분해하는 청중 앞에서 원고도 없이 연설을 시작했습니다.

"백 년 전, 한 위대한 미국인이 노예 해방령에 서명했습니다. 그 중대한 결정은 불의라는 불길에 고통받고 있던 수백만 명의 흑인 노예에게 희망의 햇불이 되었습니다. 그 선언은 흑인의 오랜 노예 생활에 종지부를 찍고 즐겁고 새로운 날의 시작으로 다가왔습니다. 그러나 그로부터 백 년이 지난 오늘, 흑인은 여전히 자유롭지 못합니다. 흑인은 여전히 인종차별이라는 굴레 속에서 비참하게 살아가고 있습니다. 또 미국이라는 풍요한 나라 한가운데 있는 빈곤의 섬에서 외롭게

---

* 가스펠 음악의 준말이며, 현대 기독교 음악의 한 종류.

수많은 인파가 몰린
'워싱턴 대행진'

'워싱턴 대행진' 집회에 동참한
할리우드 배우들

살고 있습니다. 오늘, 우리는 이 같은 참혹한 현실을 세상에 알리기
위해 이 자리에 나온 것입니다.

　나에게는 꿈이 있습니다. 언젠가 이 나라가 모든 인간이 평등하게
태어났다는 사실을 자명한 진실로 받아들이고, 남부 조지아의 붉은

'나에게는 꿈이 있습니다.'라는 명연설을 남긴 마틴 루터 킹

언덕 위에서 예전에 노예였던 부모의 자식과 그 노예의 주인이었던 부모의 자식들이 형제애의 식탁에 함께 둘러앉는 날이 오리라는 꿈입니다. 우리의 자녀들이 피부색이 아니라 인격에 따라 대접받는 그런 나라에서 살게 되는 날이 오리라는 꿈입니다. 또 흑인 소년·소녀들이 백인 소년·소녀들과 손을 잡고 형제자매처럼 함께 걸어갈 수 있는 날이 오기를 저는 꿈꿉니다."

킹 목사의 명연설은 흑인뿐만 아니라 전 세계에 큰 감동을 주었습니다. 이듬해인 1964년, 미국 의회는 공공장소에서의 인종차별을 엄격히 금지하는 법을 통과시켰습니다. 이 민권법이 통과되자 흑인을 비롯한 유색인종의 권리가 이전보다 크게 확대되었지요. 같은 해 10월, 킹 목사는 흑인 인권 향상을 위해 헌신한 공로를 인정받아 노벨 평화상을 수상하는 영광을 누렸습니다.

미시시피 자유여름 운동

1964년 인종차별을 금지하는 민권법이 연방 의회에서 통과되자, 흑인들은 기뻐하며 머지않아 백인과 동등한 권리를 갖는 세상이 오리라고 기대했습니다. 하지만 남부에 있는 주들은 민권법을 거부하면서 인종 차별적 관행을 유지하려고 했습니다. 이에 인권운동가들은 흑인의 참정권을 확대하는 길만이 차별을 없앨 수 있는 유일한 해결책이라 생각했지요. 민주주의 국가에서 투표권이 없다는 것은 정부에 대해 최소한의 의사표시도 할 수 없음을, 권리를 보호해 줄 세력이 없음을 뜻합니다. 그러므로 투표권 확보는 흑인의 권익 향상을 위해 가장 중요한 문제였습니다. 투표권을 행사해야 그들의 권익을 지켜줄 대표를 의회로 보낼 수 있기 때문이지요.

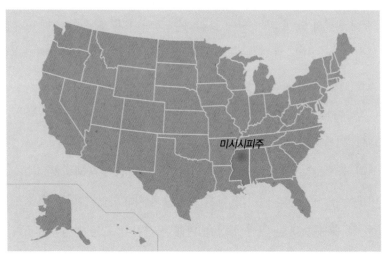

남부 농업 지역으로 흑인 인구 비율이 높은 미시시피주

미국 전역의 인권운동가들은 남부에 가서 흑인이 투표에 참여할 수 있도록 도왔습니다. 1964년 6월에 흑인 참정권 확대를 위한 '미시시피 자유여름'이라는 프로그램을 진행했습니다. 하버드, 예일, 스탠퍼드, 프린스턴 등 미국의 내로라하는 명문대 학생과 인권운동가들이 남부의 미시시피주로 몰려와 투표 방법을 자세히 설명해 주고 유권자 등록을 거들어 주는 등 물심양면으로 흑인을 도왔습니다. 인권운동가들이 미시시피주를 목표로 삼은 것은 이 지역이 미국에서 인종차별이 가장 심했기 때문입니다. 면화 재배를 위해 흑인 노예를 대거 유입해 농사를 지었던 이곳은 미국에서 제일 낙후되었을 뿐 아니라 다른 어떤 지역보다도 흑인 비율이 높은 지역이었지요. 백인과 흑인의 비율이 거의 비슷했기 때문에 백인은 기득권 유지를 위해 흑인을 혹독하게 탄압했습니다. 조금이라도 틈을 보이면 흑인이 덤벼들

'미시시피 자유여름' 운동

것이라 판단하고 악법을 동원해 흑인의 모든 권리를 빼앗았습니다. 특히 참정권 행사를 막기 위해 투표장에 가는 흑인을 상대로 폭행, 살인 등 온갖 테러를 서슴지 않았습니다. 이로 인해 미시시피주의 흑인 투표율은 7%에 불과할 정도로 낮았습니다. 이처럼 인종차별이 극심한 미시시피주에 백인 젊은이들이 내려와 참정권 운동을 벌이자 미시시피 주지사부터 평범한 주민까지 발끈했습니다.

미시시피 주정부는 자신들의 권리에 대한 도전이라며 외부 침입자와의 전쟁을 선포했습니다. 주정부는 인권운동가와 흑인의 시위에 대비해 경찰력을 대폭 늘리고 신형 총기로 무장했으며 장갑차까지 준비했습니다. 또 시위를 조장하는 유인물 배포를 법으로 금지하고 공공장소에서 피케팅 시위를 금지하는 등 '미시시피 자유여름' 운동을 막기 위한 20여 개 법안을 통과시켰습니다. 지역 언론은 '미시시피 자유여름 운동은 북부인의 침략이며, 인권운동가 대부분이 사회주의자'라며 모함을 일삼았습니다. 미시시피주 백인들의 강한 반발에도 수많은 청년이 미시시피 전역을 돌아다니며 인권운동을 펼치자 백인의 반격이 시작되었습니다. 그들은 외부에서 유입된 인권운동가와 뜻을 함께하거나 심지어 말 한마디라도 나눈 흑인을 색출해서 가혹한 보복에 나섰습니다. 백인 우월주의자들은 '미시시피 자유여름' 운동이 벌어진 두 달 동안 30채의 흑인 집에 폭탄을 던졌고, 그보다 더 많은 수의 흑인교회를 파괴했습니다. 테러가 일상화되자 흑인과 인권운동가들은 공포심을 갖기도 했지만 이에 굴하지 않고 계속해서 참정권 확대 운동에 나섰습니다.

네쇼바 카운티 살인 사건

1955년, 시카고에서 미시시피주의 삼촌 집에 놀러온 14살 흑인 소년이 지나가던 백인 여성을 향해 휘파람을 불었습니다. 그러자 여성 옆에 있던 백인 남편이 14살 소년을 때려죽이는 살인을 저질렀습니다. 백인 남성은 체포되어 법정에 섰는데 놀랍게도 법원에서 무죄 판결을 받았습니다. 피고인의 유무죄를 가리기 위해 나선 배심원 전원이 백인이었기 때문에 가능했던 일이지요.

미시시피를 비롯한 남부 주에서는 흑인을 대상으로 범죄를 저지르더라도 처벌을 받지 않거나 터무니없이 약한 처벌을 받았기 때문에 흑인을 대상으로 한 강력 범죄가 끊이지 않았습니다. 1964년 6월 16일 10여 명의 백인 우월주의자가 '미시시피 자유여름' 운동 단원이 머물고 있던 흑인교회에 불을 질렀습니다. 때마침 자리를 비운 인권운동가들은 화를 면했으나 화재 소식을 듣고 급히 달려온 세 명의 단원은 현장에 머물고 있던 백인 우월주의자들에게 사로잡히고 말았습니다. 동네 보안관, 교회 전도사 등 지역 주민으로 구성된 백인 우월주의자들은 세 명의 인권운동가를 닥치는 대로 때린 후 살해했습니다. 시신은 살해 현장에서 멀리 떨어진 댐 근처에 아무도 몰래 암매장했습니다.

사라진 '미시시피 자유여름' 단원들

인권운동가 세 명의 소식이 끊기자 실종자 가족들이 미시시피 경찰 당국에 실종자를 찾아 달라고 요청했지만, 경찰은 수사에 미온적인 태도를 보이며 제대로 일 처리를 하지 않았습니다. 이에 분노한 실종자 가족은 대통령에게 편지를 보내 호소했습니다. 린든 존슨 대통령이 FBI 미연방수사국에 사건의 조속한 처리를 지시하면서 비로소 제대로 된 수사가 시작되었습니다.

FBI는 인권운동가들이 실종되었던 네쇼바 카운티 Neshoba County 현지에 최정예 요원을 급파해서 사건 해결에 나섰습니다. 네쇼바 카운티는 인구가 많은 지역이 아니어서 쉽게 범인을 찾아낼 수 있으리라 생각했는데 현실은 달랐습니다. 지역 주민들은 범인이 누군지 뻔히 알면서도 모른 척했습니다. 살인자들이 자신들을 대신해 옳은 일을 했다고 믿고 있었기 때문입니다. 결국, 사건 발생 44일 만에 시신을 찾는 데 성공했지만 범인을 잡지는 못했습니다.

1964년 8월 익명의 제보자가 보낸 소포가 FBI 요원에게 도착하면서 사건이 해결되었습니다. 진실을 알고 있던 제보자가 양심의 가책을 느껴 사건에 관한 모든 사실을 담은 서류를 FBI 요원에게 보냈던

잔혹하게 살해된 '미시시피 자유여름' 단원들

것이지요. 덕분에 범인이 누구인지 어떤 방법으로 살해했는지 알게
된 FBI는 범인을 모두 잡았지만, 죄에 합당한 벌을 주는 데는 실패했
습니다. 백인으로 구성된 배심원들과 주 법원이 범인들에게 징역 3
년에서 6년형 정도밖에 되지 않는 관대한 처벌을 내렸기 때문입니다.
기소된 범인 중 겨우 세 명만 그나마 중형인 10년형을 선고받았으나
이들조차 수감된 지 얼마 안 되어 가석방으로 풀려났습니다. 네쇼바
살인 사건이 언론을 통해 미국 전역에 알려지면서 미국인들은 유색
인종에 대한 폭력이 일상화된 남부의 실상을 알게 되었습니다. 이후
잘못된 현실을 바꾸어야 한다는 공감대가 미국 전역에서 형성되기
시작했습니다.

흑인 인권운동이 제거한 장애물들

1965년 2월 18일, 앨라배마주 셀마Selma에서 인종차별 철폐를 요구하는 대규모 시위가 벌어졌습니다. 시위대의 일원이었던 지미 리 잭슨Jimmie Lee Jackson은 백인 경찰이 쏜 총에 맞았습니다. 잭슨은 의식을 잃은 지 8일 만에 병원 중환자실에서 목숨을 잃고 말았습니다. 인종차별주의자로 악명이 자자하던 앨라배마 주지사 조지 월리스George Wallace는 이 사건에 대해 사과 성명조차 내지 않았습니다. 흑인은 분노로 들끓었지요. 흑인들은 평화적인 행진을 계획했습니다. 경찰의 무분별한 발포로 목숨을 잃은 잭슨에 대해 주지사의 사과를 받아 내고 참정권 확대를 요구하기 위해서였지요.

1965년 3월 7일, 600여 명의 시위대가 80번 고속도로를 따라 셀마에서 몽고메리까지 이르는 행진을 시작했습니다. 앨라배마 주지사는 몽고메리로 가는 길목인 에드먼드 페터스 다리Edmund Pettus Bridge에 200여 명의 백인 무장 경찰을 배치했습니다. 앨라배마주 경찰은 최루가스와 곤봉, 쇠사슬, 곡괭이 등 갖가지 무기를 동원해 비무장 상태인 시위대를 공격했습니다. 기마경찰이 말 위에서 몽

인종차별주의자로 악명을 떨친 조지 월리스

2015년 에드먼드 페터스 다리를 건너며 '피의 일요일'을 재현하는 버락 오바마 대통령

둥이를 휘두르자 시위대는 힘없이 쓰러졌습니다. 당시 앨라배마주는 주지사를 비롯한 모든 고위직을 백인이 장악하고 있었습니다. 앨라배마주 정부의 잔혹한 진압 과정은 미국 전역에 TV로 생중계되었고, 이를 지켜본 국민은 분노했습니다. '피의 일요일'이라고 불리게 된 이 사건으로 남부를 제외한 모든 지역 국민이 연방정부에 재발 방지 대책을 세울 것을 요구했지요. 미국 전역에서 동시다발적으로 셀마 주민을 지지하는 시위가 벌어졌는데, 시위대의 대다수는 백인이었습니다.

1965년 8월, 린든 존슨 대통령은 의회를 설득해서 투표권법을 통과시켰습니다. 투표권법은 연방정부가 강제적으로 개입하여 흑인의 투표권을 보장해 주는 법입니다. 이후 남부에 선거가 있을 때마다 연방 공무원이 파견되어 흑인의 투표 참여를 도왔습니다. 투표권법을 실시하자 흑인의 투표율이 상승하기 시작해 법률 시행 5년 만인 1970년에는 남부 흑인의 3분의 2가 투표권을 행사하게 되었습니다.

이와 같이 흑인의 참정권 행사는 거저 주어진 것이 아니라 수많은 사람의 희생 위에 얻은 결과물이었습니다. 흑인 인권운동은 단지 흑인만 자유롭게 한 것이 아니라 백인 여성, 라티노(히스패닉), 아시아계, 동성애자 등 미국에 존재하는 다양한 소수자를 각종 억압으로부터 해방하는 계기가 되었습니다. 즉, 흑인 인권운동을 통해 미국 사회를 가로막고 있던 장애물을 제거할 수 있게 되었습니다.

흑인운동의 또 다른 축 – 말콤 X

마틴 루터 킹은 흑인 인권운동에 앞장서며 백인에게 저항했지만,

마틴 루터 킹과 노선을 달리한 말콤X

기본적인 노선이 비폭력주의였기 때문에 많은 사람의 지지를 끌어낼 수 있었습니다. 유복한 중산층 가정에서 자라고 대학교육까지 받은 킹 목사는 다른 흑인에 비해 백인과 접촉할 기회가 상대적으로 많았습니다. 이로 인해 백인을 타도의 대상이 아니라 사이좋게 지내야 할 이웃으로 생각했습니다. 게다가 기독

교 국가인 미국에서 목사였기 때문에 더 많은 사람의 지지를 받았습니다. 킹 목사의 흑인 인권운동이 성공할 수 있었던 것은 미국 사회의 주류인 백인의 눈에 크게 벗어나지 않았기 때문입니다.

흑인 인권운동의 또 다른 축을 형성했던 말콤 X는 킹 목사와는 성향이 달랐습니다. 말콤 X의 아버지 얼 리틀Earl Little 역시 침례교 목사였지만 백인과의 투쟁에 앞장서는 급진적이고 강경한 사람이었습니다. 얼 리틀이 과격한 사상을 갖게 된 데는 불우한 성장 과정의 영향이 컸습니다. 어린 시절 다섯 형제 중 세 명이 백인 우월주의 단체 KKK단에 의해 살해되었는데, 죽은 형제 중 한 명은 그가 보는 앞에서 참혹하게 숨졌습니다.

형제를 세 명이나 KKK단에 잃은 얼 리틀은 백인에 대해 혐오감을 가졌습니다. 훗날 목사가 된 그는 흑인들에게 "미국에서 백인들에게 온갖 수모를 당하며 노예처럼 살 것이 아니라 고향인 아프리카로 돌아가 당당하게 주인으로 살자."라고 주장하며 귀환 운동을 벌였습니다. 백인들은 적은 임금으로도 열심히 일하는 흑인을 자극하는 얼 리틀을 눈엣가시처럼 여겼습니다. 그래서 숱한 협박을 하고 심지어 그의 집에 불을 지르기도 했습니다. 얼 리틀이 협박에도 아랑곳하지 않고 흑인의 아프리카 귀환 운동을 지속하자 백인 우월주의자들은 결국 그를 잔혹하게 살해했습니다. 남편이 끔찍한 죽임을 당하자 그의 아내는 정신착란 증세를 보여 정신병원에 입원하게 되었습니다. 집안의 기둥이었던 어머니마저 정신병원에 갇히는 신세가 되자 말콤 X의 형제자매는 뿔뿔이 흩어졌습니다.

흑인들을 무자비하게 살해한 KKK단

당시 초등학생이었던 말콤 X는 친척 집에 맡겨졌습니다. 고아나 다름없던 그를 신경 써 주는 사람은 아무도 없었습니다. 학교에서 온갖 문제를 일으키던 그는 소년원을 들락거리는 신세가 되었지요. 그러나 중학생이 되자 마음가짐을 바로 하고 성실히 생활해 성적우수자가 되었고 학급 반장도 맡았습니다. 어느 날 장래희망을 묻는 담임교사에게 말콤 X는 "장차 변호사가 되겠다."라고 자신 있게 대답했습니다. 그러자 교사는 어이없다는 표정을 지으며 "흑인에게 의사나 변호사 같은 전문직은 어울리지 않는단다. 흑인에게 어울리는 것은 목수나 수리공 같은 일이란다. 너는 손재주가 있으니 목수를 하면 좋겠다. 예수님도 목수 출신이니 언짢게 생각하지 마라."라고 말하면서 모욕감을 주었습니다.

말콤 X는 중학교 졸업을 앞두고 인종차별을 피부로 느끼는 생생한 경험을 하면서 인생의 막다른 길을 선택했습니다. 고등학교 진학을 포기하고 또래들과 어울려 뉴욕 할렘으로 떠났습니다. 그곳은 흑인 빈민 밀집 지역이자 미국의 대표적인 우범지대로 온갖 범죄인이 우글거리는 소굴이었지요. 이후 7년 동안 절도, 사기, 공갈, 도박, 마약밀매 등 온갖 범죄를 저질러 생계를 이어갔습니다. 말콤 X는 밑바닥 사회를 전전하며 건달에 지나지 않는 삶을 살았습니다.

1945년 말콤 X는 백인 주택을 털다가 체포되었습니다. 절도죄로 기소된 그는 죄질에 비해 상당히 무거운 징역 8년형을 선고받고 감옥에 수감되었습니다. 그는 시간을 때우기 위해 책을 읽기 시작했는데 막상 책을 손에 들었지만 어휘력이 부족해 의미를 제대로 이해할

범죄와 폭력이 난무했던 뉴욕의 할렘가

수 없었습니다. 그러자 말콤 X는 영어사전을 통째로 외워버렸답니다. 어휘력이 갖추어지자 독서의 희열을 알게 됐습니다. 세상을 바꾼 이들의 위인전을 비롯해 위대한 사상가, 철학자 등 다방면의 명저를 섭렵하며 점차 지식인으로 변해 갔습니다. 복도의 희미한 불빛으로 책을 읽다 보니 시력이 매우 나빠졌지만 책 속에서 인생의 올바른 길을 찾으려고 했고, 독서가 그의 인생을 송두리째 바꾸어 놓았습니다.

이슬람교로 개종하다

20세기 들어 백인에게 반감이 있는 흑인 일부가 이슬람교로 개종하는 일이 생겨나기 시작했습니다. 성경 어디에도 흑인에 대한 차별을 정당화하는 이야기가 없었지만 절대다수의 백인 목사는 흑인을 같은 인간으로 여기지 않았기 때문이지요. 당시 목사들은 신이 백인과 흑인을 함께 창조하지 않았다거나, 흑인은 짐승 수준을 벗어나지 못하는 야만인이라고 말하는 등 온갖 인종 차별적 언행을 서슴지 않았습니다.

기독교가 인종차별에 앞장서자 일부 흑인들은 평등주의를 내세우는 이슬람교를 기반으로 '네이션 오브 이슬람 Nation of Islam'이라는 단체를 만들어 백인과의 투쟁에 나섰습니다. 네이션 오브 이슬람 지도자는 "흑인이 백인의 종교인 기독교를 믿는 것은 우스운 일이며 모두 이슬람교로 개종한 후 악마와 다름없는 백인과 투쟁해야 한다."라고 주장했습니다. 하지만 세력을 확장하는 데는 한계가 있었지요.

흑인의 무슬림화를 추구했던 네이션 오브 이슬람

　1948년 교도소에 수감 중이던 말콤 X는 친형의 소개로 네이션 오
브 이슬람에 대해 알게 되었고 이후 기독교에서 이슬람으로 개종했
습니다. 그는 교도소에서 네이션 오브 이슬람의 지도자 엘리야 무하
마드Elijah Muhammad와 편지를 주고받으며 서로의 관심사를 이야기했습
니다. 엘리야 무하마드는 말콤 X에게 "태초에 하나님은 흑인을 창
조했으며 아프리카 대륙에서 인류가 시작되었다. 백인 농장주는 흑
인 노예에게 푸른 눈, 하얀 피부색의 예수를 경배하도록 강요했다. 하
지만 이제 예수를 믿을 필요가 없다. 기독교는 흑인 노예를 긍정하
는 거짓 종교이다."라고 말했지요. 말콤 X는 무하마드의 이론에 심취
해 결국 성姓까지 바꿨습니다. 원래의 성명은 말콤 리틀Malcolm Little이었
지만 이슬람으로 개종한 후 리틀이라는 성을 버리고 '미지'를 뜻하는
X를 사용했습니다. '리틀'은 백인 농장주가 노예에게 붙여준 성이었

이슬람교로 개종한 말콤X

기 때문입니다. 말콤은 아프리카에서 마음껏 자유를 누리던 선조들이 사용하던 진짜 성을 찾을 때까지 'X'라는 성을 사용하기로 했습니다. 독서를 통해 지식인으로 거듭난 말콤 X는 이슬람교를 통해 정체성을 찾으려고 했습니다.

1952년 가석방으로 풀려난 그는 본격적으로 '네이션 오브 이슬람' 운동을 펼쳐 나갔습니다.

그는 흑인은 물론 백인에게까지 광범위한 지지를 받고 있는 킹 목사의 비폭력주의가 화려한 말잔치에 불과할 뿐 아무런 쓸모도 없다고 말했습니다. 이로써 자신의 존재를 부각시켰지요. 말콤 X는 "사회 모든 분야에서 기득권을 가진 백인이 노예 출신 흑인에게 기득권을 순순히 나눠 주는 일은 없을 것이기 때문에 필요하다면 무력을 동원해서라도 권리를 쟁취해야 한다."라고 주장했습니다. 만약 백인이 흑인에게 부당한 폭력을 가한다면 이쪽에서도 폭력으로 반격을 해야 함부로 여기지 않을 것이라고 강조했습니다.

킹 목사는 흑인과 백인이 서로 존중해 주는 통합된 사회를 만들자고 주장했지만 말콤 X의 생각은 달랐습니다. 원래부터 흑인을 하찮게 여기는 백인이 흑인을 존중하기를 바라는 것은 어리석은 일이라고 주장했습니다. 따라서 두 인종이 평화롭게 사는 유일한 방법은 따로 사는 것밖에 없다고 말했습니다. 나아가 지난 수백 년간 흑인은 노력에 대한 대가도 제대로 받지 못하고 백인에게 갈취당해 왔기에 이에 대한 정당한 보상으로 미국 내에 흑인 전용국가를 건설하겠다고 선언했습니다. 말콤 X가 과격한 주장을 펼치자 온건 평화주의자 킹 목사는 그를 경계했습니다. 말콤 X 역시 킹 목사를 두고 한가로운 소리만 하고 다닌다며 싫어했습니다. 킹 목사가 주도한 '워싱턴 대행진'을 두고서도 "흑인들이여, 진압봉과 경찰견으로 무력 진압만 받아 오다가 백인 정부가 평화시위 한 번 보장해 준 것이 그리도 감격스러운가? 사실 링컨은 살아생전 흑인을 좋아하지도 않았다. 백 년 전에 죽은 사람 앞에서 백인과 함께하는 시위에 왜 흑인이 열광하고 있는

백인에게 독설을 퍼부었던
말콤X

가? 흑백 갈등은 이러한 보여주기식 행사 정도로 해결될 것이 결코 아니다."라고 비판하며 평화적인 집회 정도로는 세상이 바뀌지 않는다고 주장했습니다.

이처럼 말콤 X는 하고 싶은 말을 거침없이 하는 직선적인 성격으로 상당수의 백인을 적으로 만들었습니다. 하지만 백인을 향해 독설을 퍼붓는 말콤 X를 좋아하는 흑인도 늘어나 그는 킹 목사에 버금가는 영향력을 갖게 되었습니다.

흉탄에 의해 사라진 급진적 흑인운동

말콤 X가 처음 몸담았을 때만 하더라도 네이션 오브 이슬람은 조직원이 500여 명에 지나지 않는 조그만 단체였지요. 그런데 말콤 X가 유명해지면서 큰 인기를 끌게 되었습니다. 거침없는 언변과 해박한 지식을 가진 말콤 X가 언론에 자주 모습을 드러내며 독설을 퍼붓자 사람들은 열광했지요. 네이션 오브 이슬람은 미국 전역에 지부를 두게 됐습니다. 조직원 수 25,000명을 돌파하며 흑인을 대표하는 유력 단체로 떠올랐고, 조직원을 비롯한 수많은 흑인이 흔쾌히 기부금을 내놓았습니다. 그런데 조직에 돈이 쏟아져 들어오자 최고 지도자 엘리야 무하마드가 공금을 빼돌리는 등 온갖 비리를 일삼기 시작하면서 말콤 X와 갈등을 빚었습니다. 말콤 X는 수많은 사람이 보내 준 소중한 후원금을 마음대로 갖다 쓰는 엘리야 무하마드를 비판했습니다. 이에 엘리야 무하마드를 비롯해 그를 따르던 사람들의 미움을 받게 되었습니다.

1963년 11월 22일 존 F. 케네디 대통령이 텍사스주 댈러스에서 암살당하는 사건이 발생했습니다. 기자가 케네디 암살사건에 관해 말콤 X의 의견을 묻자 그는 싸늘한 어조로 "케네디의 죽음을 내가 슬퍼할 이유가 있나? 모든 것이 자업자득이다."라며 독설을 퍼부었지요. 당시 케네디 대통령은 개혁적인 정책을 성공시키며 백인을 비롯한 모든 인종의 지지를 얻고 있었기 때문에 그의 죽음을 욕되게 한 말콤 X는 비난을 면치 못했습니다. 엘리야 무하마드는 이 기회에 말콤 X를 견제하려고 석 달간 언론과의 접촉을 금지하는 징계를 내렸습니다. 이후에도 두 사람은 끊임없이 충돌해 결국 말콤 X가 네이션 오브 이슬람을 떠났습니다. 이제 백인 우월주의자뿐만 아니라 네이션 오브 이슬람의 조직원까지 말콤 X의 목숨을 노리게 되었습니다. 말콤 X는 끊임없는 살해 협박을 받았지만 끝까지 뜻을 굽히지 않았답니다.

1965년에 들어서자 말콤 X는 "나는 머지않아 엘리야 무하마드 일당이나 백인 인종차별주의자, 아니면 그들에게 고용된 무지한 흑인의 손에 죽임을 당할 것입니다. 내가 죽은 뒤 언론에서는 나를 무책임한 흑인이라고 몰아붙일 테지만, 백인들이 책임감 있는 흑인지도자라고 추앙하는 사람 중에서 흑인을 위해 목숨 걸고 투쟁하는 지도자는 없습니다."라는 글을 남겼습니다. 말콤 X는 수시로 소외된 흑인

젊은 나이에 암살로 생을 마감한 말콤X

의 인권 신장을 위해 사리사욕 없이 끝까지 최선을 다하겠다고 다짐했지만, 그 뜻을 오래도록 지킬 수 없게 되었지요.

1965년 2월 21일, 말콤 X는 뉴욕 맨해튼에서 개최된 집회에 연사로 초청받아 가족과 함께 참가했습니다. 연설을 시작한 지 10분 만에 엘리야 무하마드가 보낸 세 명의 암살자가 갑자기 연단으로 달려 나와 그의 심장을 향해 무려 16발의 총을 쏘았습니다. 말콤 X가 39세의 젊은 나이로 세상을 떠난 이후 급진적인 흑인 인권 운동은 미국 땅에서 자취를 감추었습니다.

의문에 갇힌 킹 목사 암살사건

1964년 흑인 인권 향상에 앞장서 온 킹 목사가 노벨 평화상 수상자로 선정되었습니다. 그러자 세계적인 인권운동가의 반열에 오른 그를 시기하는 사람도 늘어났습니다. 킹 목사를 가장 싫어한 사람 중 하나가 FBI 국장 존 에드거 후버John Edgar Hoover였습니다. 사회주의자를 혐오한 극우파 성향의 후버 국장은 킹 목사가 사회주의자일지도 모른다는 의구심으로 FBI 요원을 동원해 그의 일거일동을 감시했습니다.

후버 국장은 킹 목사에 대한 철저한 사찰 끝에 결국 그의 약점을 찾아냈습니다. 킹 목사의 감동적인 연설 대부분이 다른 사람의 책이나 연설을 표절한 것임을 발견했던 것이지요. 요즘 같으면 저작권법 등 지적재산권법 위반으로 곤욕을 치를 일이지만 당시엔 어려움 없이 지나갈 수 있었습니다. 그런데 표절보다 더 큰 문제는 킹 목사의 외도였습니다. 대중의 눈에 그는 깊은 신앙심을 가진 도덕적인 사람으로 보였지만, 사생활은 바른 생활과 거리가 멀었지요. 후버 국장은 도청을 통해 킹 목사의 이러한 약점을 잡고 협박하기 시작했습니다. 그는 사생활에 문제가 있는 킹 목사가 노벨 평화상 수상자가 되는 것이 옳지 않다고 생각해 수상을 거절하도록 요구했습니다. 또 협박편지를 보내 "흑인 인권활동을 계속할 경우 문란한 사생활을 세상에 폭로하겠다."라고 겁을 주면서 자살할 것을 강요했습니다. 그런데 킹 목사가 노벨 평화상을 수상하는 등 예전과 다름없이 왕성한 활동을 계속하자, 후버 국장은 그에 관해 수집한 증거물을 언론사에 보내 세상에 폭로하려고 했습니다. 하지만 후버의 바람과 달리

마틴 루터 킹 탄압에 앞장선 FBI 후버 국장

미국의 언론사들은 킹 목사의 추문을 세상에 알리지 않았습니다.

1968년 2월 킹 목사는 마치 죽음을 예언하는 듯한 마지막 설교를 했습니다. "제가 죽거든 저를 위한 성대한 장례식을 치르지 않기 바랍니다. 추도사에는 제가 노벨상 수상자라는 사실을 언급하지 말기를 바랍니다. 그것은 제 인생에서 하나도 중요하지 않기 때문입니다. 대신 킹 목사는 배고픈 사람에게 먹을 것을 나눠 주고 헐벗은 사람에게 입을 것을 주기 위해 애썼다고 말해 주십시오. 저는 약자들의 인권을 지키고 보살피는 데 한 몸 바친 사람으로 기억되었으면 합니다."라는 말을 남겼습니다. 그 후 두 달 뒤인 1968년 4월 4일 킹 목사는 최후를 맞이했습니다.

당시 킹 목사는 흑인 청소 노동자들의 파업을 지원하기 위해 테네

마틴 루터 킹을 암살한 제임스 얼 레이

시주 멤피스의 모텔에 머물렀습니다. 그때 보수 성향을 가진 백인, 제임스 얼 레이James Earl Ray가 킹 목사를 찾아가 총으로 암살했습니다. 그는 쉽게 잡히지 않았습니다. 누군가 레이에게 위조 여권을 제공해 유럽으로 도망치도록 도운 것이지요. 사건이 발생한 지 두 달이 지난 후에야 레이는 영국 런던에서 체포되어 미국으로 압송되었습

니다. 이듬해부터 열린 재판에서 그는 자신이 킹 목사의 암살범임을 순순히 자백했습니다. 그리고 징역 99년형을 선고받아 사실상 종신형에 처해졌지요. 레이는 모든 재판 과정이 마무리된 후 갑자기 "내가 자백한 것은 강요에 의한 것이었으며 킹 목사 암살사건의 배후에는 거대한 세력이 존재한다."라는 의미심장한 말을 남겼습니다. 그러나 추가 수사는 이루어지지 않았습니다. 킹 목사의 유가족들 역시 레이의 단독범행이 아니라 FBI 같은 국가기관이 연루된 거대한 음모였다고 주장했지만 달라지는 것은 아무것도 없었습니다. 1998년 암살범 레이가 복역 중 병사하면서 진실은 미궁에 갇히게 되었습니다.

LA 폭동사건

흑인 인권운동이 활발했던 1960년대까지만 하더라도 미국에는 흑인과 백인 이외의 인종이 별로 없었습니다. 그런데 1960년대 이후 중남미 출신의 히스패닉과 아시아인의 유입이 꾸준히 늘면서 다인종 사회로 변해 갔지요. 히스패닉이 가사도우미, 식당 종업원 등 단순노동 직종에 대거 유입되자 흑인의 일자리는 크게 위협받았습니다. 백인들이 자신들과 피부색이 비슷한 히스패닉을 선호해서 흑인들은 일자리 감소 문제를 겪게 되었습니다.

아시아 이민자는 고학력자 위주의 엘리트가 많아서 빠르게 자리를 잡았습니다. 이들은 과학이나 공학 등 미국의 첨단 IT정보기술 산업 발전에 크게 공헌했습니다. 또 저학력 아시아인이라도 각자가 속한 분야에서 열심히 일해 능력을 인정받는 경우가 많았습니다.

흑인들은 건국 이전부터 미국 땅에서 살아온 자신들이 미국의 주인이라 생각했고, 백인 외의 인종 중에서는 첫 번째 서열이라고 확신했습니다. 게다가 아시아인에 비해 상대적으로 체격이 큰 것에 자부심을 가졌습니다. 그런데 세월이 흐르자 아시아인은 미국 내에서 무시하지 못할 존재로 성장했습니다. 인종별 평균소득과 대학 졸업자 비율에서도 백인을 앞질렀지요. 한인 역시 성공한 이민자 반열에 서며 미국 사회의 당당한 일원이 되었습니다. 한인을 비롯한 아시아인들이 미국 사회에서 큰 성공을 거두자 흑인의 상대적 박탈감이 커졌고, 곳곳에서 흑인과 아시아인의 마찰이 빚어졌습니다.

그 대표적인 사례가 1990년대 초반 벌어진 코리아타운 폭력사태입니다. 1991년 3월, 흑인 트럭 운전기사 로드니 킹_{Rodney King}이 LA에

미국 주류 사회 진입에 성공한 아시아인

백인 경찰에게
무자비한 폭행을 당하는
로드니 킹

서 과속하다가 경찰에 적발되었습니다. 그는 차를 세우라는 경찰의
요구를 무시하고 도주하다가 붙잡혔지요. 추격전 끝에 로드니 킹을
붙잡은 4명의 백인 경찰은 진압봉으로 무자비한 폭력을 가했습니다.
마침 현장을 지나던 행인이 이 장면을 가정용 비디오카메라에 담아
방송국에 보냈습니다. 4명의 백인 경찰이 흑인 한 명을 몽둥이로 내
리치는 장면이 TV에 방영되자 LA 지역 흑인들의 분노가 치솟았습
니다.

사건 발생 1년 만인 1992년 4월 29일, 로드니 킹을 폭행한 백인 경
찰관에 대해 법원의 판결이 내려졌습니다. 대부분 백인으로 구성된
배심원단은 백인 경찰에게 무죄를 평결했습니다. 이에 분노가 폭발
한 흑인은 법원과 백인 경찰을 규탄하기 위해 거리로 몰려나왔습니
다. 시간이 지나자 인종차별 반대 시위는 점차 폭동으로 바뀌어 갔습
니다. 흑인 시위대는 무리를 지어 시내를 돌아다니며 닥치는 대로 불

을 질렀고 가게 유리창을 부수고 들어가 물건을 들고 나왔습니다. 당국은 인종차별 규탄시위가 약탈로 바뀌자 장갑차와 각종 중화기로 완전무장한 대규모 경찰력을 동원해 질서유지와 치안확보에 나섰습니다. 그런데 대부분의 경찰력은 백인이 밀집한 부유층 거주지역에 집중 배치되어 치안에 공백이 생겼습니다. 폭도들은 백인 거주지역을 피해 한인 거주지역인 코리아타운을 공격했습니다. 총칼을 들고 코리아타운의 가게를 습격해 그동안 한인이 힘들게 일군 것을 한순간에 파괴했습니다.

막대한 피해를 본 한인이 치안 당국에 도움을 요청했지만 경찰은 끝내 모습을 드러내지 않았습니다. 언론은 일제히 코리아타운 약탈 사건을 크게 보도했고, 마치 사태가 흑인과 한인의 갈등에서 비롯된 것처럼 몰아가면서 사태를 더욱 악화시켰지요. 이번 폭동은 엄연히 백인 경찰의 집단 폭행에서 비롯된 일이었습니다. 하지만 백인 소유의 언론사들은 흑백 갈등이 아닌 흑인과 한인의 갈등으로 몰아갔습니다. 게다가 코리아타운에 경찰이 없다는 사실을 언론이 실시간 알려준 꼴이 되어 흑인 폭도들이 부담 없이 코리아타운으로 몰려들었습니다.

흑인 폭동으로 코리아타운에 있던 한인 가게의 90%가 파괴되는 끔찍한 상황이 벌어졌습니다. 한인은 스스로를 지키기 위해 젊은 남성 중심으로 자경단을 만들어 흑인 떼강도와 총격전을 벌여야 했습니다. 벌건 대낮에 세계 최고의 나라라고 자부하는 미국의 대도시에

폭동으로 불바다가 된 코리아타운

서 흑인 떼강도와 이를 막기 위한 상인들의 총격전이 전파를 타고 세
계로 방송되자 미국의 이미지도 땅에 떨어졌습니다.

　LA가 무정부 상태에 빠지자 연방정부는 사태 수습에 나섰습니다.
연방정부가 최정예 해병대를 대거 보내 폭동 진압에 나서자 순식간
에 사태가 진정되었지요. 1992년 4월 29일부터 5월 4일까지 엿새 동
안 벌어진 흑인 폭동 사건으로 50여 명이 사망했고 11,000명 이상의

흑인이 체포되었습니다. 또 7억 달러 이상의 피해금이 발생했는데 이 중 절반 이상이 한인이 당한 피해였습니다.

흑인의 희망과 현실

2008년 11월 버락 오바마가 대통령에 당선되자 흑인들은 감격했습니다. 링컨이 노예해방을 선언한 지 145년 만에 흑인이 대통령에 선출되는 기적이 일어났기 때문이지요. 이때만 하더라도 흑인들은 머지않아 흑백이 동등한 대우를 받는 세상을 바라던 킹 목사의 꿈이 이루어질 것 같은 기대에 부풀어 있었습니다. 그러나 흑인 대통령이 탄생했다고 해서 흑인 전체의 지위가 향상되는 일은 생기지 않았습니다. 자본주의 국가 미국에서 기본적으로 사회적 지위는 경제력과 비례하는데, 흑인은 예나 지금이나 사회의 극빈층을 형성하고 있습니다.

미국 사회의 다수를 이루는 백인은 여전히 기득권을 놓지 않으며 주류를 이루고 있습니다. 특히 리더십을 요구하는 정치와 기업경영 분야에서 압도적인 우위를 차지하고 있지요. 미국 드라마나 영화를 보더라도 이 같은 현실이 그대로 반영되는 경우가 많습니다. 드라마 속 백인은 판단력과 결단력이 탁월한 대통령이나 최고경영자로 등장하고 동양인은 소심한 성격의 과학자나 의사로 등장합니다. 그러나 흑인은 주로 비정규직이거나 사회적 지위가 낮은 사람으로 묘사됩니다.

흑인이 두각을 나타내는 미식축구

흑인들은 프로 스포츠와 연예 산업 분야에서 두각을 보입니다. 그런데 이러한 분야는 성공할 확률이 너무 낮다는 데 문제가 있습니다. 미식축구, 프로야구, 프로농구로 대표되는 미국의 3대 프로 스포츠 선수가 되기 위해 해마다 수많은 흑인 청년이 문을 두드리지만 실제로 프로 무대에 설 수 있는 사람은 극히 적습니다. 동네 농구대마다 전설적인 농구 황제 마이클 조던을 꿈꾸며 부지런히 슛을 날리지만 매년 프로 농구팀에 발탁되는 선수는 극소수에 지나지 않습니다.

흑인 청년들이 감옥에 갇힐 확률이 높은 것도 문제입니다. 미국 인구에서 흑인이 차지하는 비중은 12~13%에 불과합니다. 그런데 교도소 수감자의 40%가 흑인입니다. 만성적인 일자리 부족으로 인해 일반인도 취업하기 힘든 상황인지라 전과자가 된 흑인들은 또다시 범

뛰어난 실력을 뽐내는 흑인 프로농구(NBA) 선수

죄의 길로 빠져들어 교도소를 들락거리는 악순환을 벗어나지 못하고 있지요. 흑인 전과자가 늘어날수록 평범한 흑인도 범죄자로 의심받기 쉬우므로 이는 흑인 사회 전체에 손해가 됩니다.

미국 사회에서 흑인이 처한 열악한 상황을 극명하게 보여주는 사례가 오바마 대통령이 취임한 지 얼마 안 되어 벌어졌습니다. 2009년 7월 하버드대 흑인 교수인 헨리 루이스 게이츠 주니어Henry Louis Gates Jr.가 자신의 집 앞에서 경찰에 체포되는 사건이 발생했습니다. 게이츠 교수는 자신의 집을 뒷문으로 들어가려 한 것뿐인데 이를 지켜보던 행인이 도둑으로 오인해 경찰에 신고한 것이지요. 때마침 인근 지역을 순찰하던 경찰이 게이츠 교수의 손목에 수갑을 채운 후 경찰서로 연행했습니다. 게이츠 교수는 체포 당시 이 집은 내 집이고 본인

은 하버드대 교수라면서 신분증까지 보여주었지만 경찰은 그의 말을
믿지 않았습니다. 흑인이 세계 최고의 명문대학 중 하나인 하버드대
교수라는 말이 얼토당토않다고 생각했기 때문이지요. 결국 게이츠의
말이 사실로 드러났는데도 경찰은 사과하지 않았습니다. 이 일이 언
론을 통해 알려지자 흑인들은 분노하며 또다시 폭동을 일으킬 것 같
은 분위기를 조성했습니다.

  오바마는 사태가 악화되는 것을 막기 위해 백인 경찰과 게이츠 교
수를 백악관으로 초대해 함께 맥주를 마시면서 화해하도록 유도했습
니다. 흑인들은 기대했던 최초의 흑인 대통령 오바마가 인종 갈등 해
결을 위해 할 수 있는 일이 겨우 사건의 당사자를 초대해 함께 맥주
를 마시는 일밖에 없다며 불만을 터트렸지만, 백인이 미국 사회의 주
도권을 잡고 있는 한 근본적 문제해결은 불가능한 것이 현실입니다.

경찰과 피해자를 백악관에 초청해 맥주를 마시며 화해시키는 오바마

사실 오바마도 연방 상원의원 시절에 도둑으로 의심받은 적이 한두 번이 아니었습니다. 백인이나 동양인이 가게에 들어와 물건을 계산대에 올려놓을 때까지 가게 주인은 크게 신경 쓰지 않지만, 흑인이 나타나면 다릅니다. 오바마 상원의원도 말쑥하게 양복을 입지 않고 가게에 들어서면 여지없이 예비 도둑으로 간주되어 가게 주인의 삼엄한 감시를 받아야 했습니다. 이뿐만이 아닙니다. 백인이 최고급 스포츠카를 타고 다닌다 해서 경찰이 차를 세우는 일은 거의 없습니다. 흑인이 타고 다니면 여지없이 잡아 세웁니다. 백인 경찰의 눈에 최고급 스포츠카를 타고 다니는 흑인은 차량절도범이거나 마약으로 돈을 번 사람들이기 때문입니다. 이처럼 미국 사회에서 흑인에 대한 무시와 차별은 뿌리가 깊어 단기간에 바뀔 수 없는 상황입니다.

소수자 우대정책과 오레오 쿠키

흑인에게 우호적이었던 존 F. 케네디 대통령은 1961년 '소수자 우대정책Affirmative Action**이라는 새로운 정책을 만들었습니다. 소수집단에 대한 차별을 시정하기 위한 적극적 정책이었지요. 덕분에 백인보다 공부할 기회가 부족해서 성적이 낮았던 흑인 학생들이 명문대학에 입학할 수 있게 되었습니다. 소수자 우대정책으로 명문대에 입학한 흑인들은 졸업 후 의사, 판사, 변호사, 펀드매니저 등 예전에는 생

---

* 미국에서 인종, 남녀 차별 등으로 인한 사회적 약자들에게 대학입시, 취업, 승진 등에서 혜택을 주는 제도.

각지도 못한 좋은 직장을 가지면서 백인이 주름잡던 주류 사회에 편입했습니다.

이들은 흑인 빈민가를 벗어나 백인이 모여 사는 고급 주택가에 집을 얻고 자녀의 학교도 백인 학생이 대부분을 차지하는 명문 사립학교를 고집합니다. 새로 등장한 흑인 상류층은 겉모습은 흑인이지만 주류 사회를 형성하던 백인과 같은 삶의 모습을 보였고, 빈곤한 삶을 벗어나지 못한 절대다수의 흑인들은 새로운 흑인 상류층을 혐오해 '오레오Oreo'라 부르기 시작했습니다. 오레오는 두 개의 검은 색 비스킷 사이에 새하얀 크림이 들어있는 과자입니다. 겉은 흑인이면서 속은 백인을 닮은 흑인 상류층을 비아냥거릴 때 사용하는 단어가 되었지요.

미국은 소수자 우대정책을 펼쳐 성공한 흑인이 나올 수 있도록 숨통을 열어주었습니다. 흑인도 능력만 있으면 얼마든지 성공할 수 있는 곳이 미국이라는 좋은 이미지도 얻었지요. 백인 기득권층은 소수자 우대정책을 도입함으로써 사회 구조적으로 차별받던 흑인 문제를 개인 능력의 문제로 전환한 것입니다. 물론 소수의 성공한 흑인이 나

주류층 진입에 성공한 흑인을
비꼬아 칭하는 단어가 된
'오레오'

온다고 해도 흑백이 평등한 사회가 되었다고 말할 수 없는 상황입니다. 미국 사회에는 보이지 않는 인종차별이 만연해 있기 때문이지요. 이를테면 같은 대학을 졸업하고 같은 회사에 입사원서를 내도 흑인이 고용될 확률은 백인에 비해 크게 떨어집니다. 이는 흑인과 백인이 사용하는 이름이 다르기 때문인데, 흑인이 주로 사용하는 이름으로 입사원서를 내면 서류전형도 통과하지 못하는 경우가 허다합니다.

이와 같이 오늘날 미국 사회는 겉으로는 마틴 루터 킹이 활동하던 1960년대에 비해 인종차별 문제가 많이 나아진 것 같이 보이지만, 속으로는 더욱 은밀하고 교묘한 차별이 지속되고 있습니다. 흑인의 출입을 노골적으로 금지하는 곳은 없어도 부유층이 몰려 사는 고급 주택가, 학비가 비싼 명문 사립학교는 백인 일색인 곳이 다수입니다. 이는 인종차별을 명시적으로 규정하는 법률이 폐지되었다고 해서 사람들의 마음속까지 바뀐 것은 아니라는 것을 의미합니다. 이제는 공공장소에서 인종 차별적인 언행을 하는 백인이 많지 않습니다. 하지만 흑인들과 자연스럽게 어울리는 백인 역시 많지 않습니다. 아직 미국은 오래전 마틴 루터 킹이 꿈꾸던, 모든 인종이 평등한 나라와는 거리가 있습니다.

★

흑인과 수학

제2차 세계대전 이후 미국과 소련의 체제 경쟁인 냉전 시대가 열렸다. 미국은 모든 면에서 소련에 앞섰지만 유독 우주개발은 크게 뒤처져서 체면을 구겼다. 1957년 소련은 세계 최초의 인공위성인 스푸트니크 1호 발사에 성공했다. 스푸트니크 2호에는 강아지까지 실어 우주로 보냈다. 이에 미국은 유인우주선을 개발해 소련과의 경쟁에서 우위에 서고자 했다. 그러나 1961년 소련이 인류 최초의 유인우주선 보스토크 1호 발사에 성공하면서 미국은 또 한 번 쓴잔을 마셔야 했다.

미국은 소련과의 우주개발 경쟁에서 연거푸 패배하자 인간을 달에 착륙시키는 '아폴로 프로젝트'를 시작했다. 달 정복은 당시 기술로서는 불가능에 가까운 일이었다. 우주개발을 담당한 NASA는 각 분야의 인재들을 모아들였다. 이 과정에서 흑인에게도 기회가 주어졌다. 국력을 총동원한 사상 최대 규모의 아폴로 프로젝트가 추진되면서 수학과 과학에 재능을 가진 흑인 여성에게도 NASA에서 일할 수 있는 길이 열렸다.

1918년 웨스트버지니아주에서 태어난 흑인 여성 캐서린 존슨은 어릴 적부터 수학천재로 불리며 주변의 기대를 받았다. 웨스트버지니아 주립대학에서 수학을 전공한 그녀는 중학교 교사로 일하고 있었다. 그러다가

NASA에서 직원을 뽑자 어릴 적부터 관심이 많았던 우주에 관한 일을 하기 위해 직장을 옮겼다.

아폴로 프로젝트를 수행하는 핵심부서의 상근 직원으로 발탁된 존슨이 처음 사무실에 출근하자 연구원들은 그녀를 청소부로 알고 쓰레기통을 비우라고 지시했다. 당시 NASA에서 일하던 백인 연구원들에게 흑인 여성은 으레 청소부나 식당 종업원으로 인식되었다.

사무실에는 미국 최고의 엘리트들이 근무했는데 대부분 백인 남성이었다. 그들 틈에 낀 존슨의 일상은 인종차별의 연속이었다. 존슨이 공용으로 사용하는 커피포트를 사용하자 백인들은 커피포트를 하나 더 구해서 '흑인 전용'이라는 스티커를 붙여놓았다. 또 연구소 내 화장실은 백인 전용이었기 때문에 그녀는 800m 떨어진 흑인 전용 화장실을 이용해야 했다. 누구도 존슨과 동료가 되기를 원하지 않았고 불친절하기 짝이 없어 힘든 나날을 보냈지만 그녀는 맡은 일에 최선을 다했다.

흑인 여성 수학자 캐서린 존슨

당시 NASA 연구원들의 가장 큰 고민은 기존 수학 지식으로는 우주선을 달에 착륙시키기가 불가능하다는 점이었다. 특히 우주선이 움직이는 궤도를 정확히 계산해야만 시행착오 없이 달 표면에 우주선을 착륙시킬 수 있었는데 누구도 제대로 하지 못했다. 그런데 존슨이 천재적인 실력으로 우주선이 움직이는 궤도를 완벽히 계산해 내었다. 1969년 7월, 달을 향해 떠난 아폴로 11호는 존슨의 계산대로 목표지점에 무사히 착륙했다. 세계인이 숨죽이며 지켜보는 가운데 아폴로 11호의 선장 닐 암스트롱이 달에 인류의 발자취를 남기면서 미국과 소련의 우주 경쟁은 미국의 승리로 막을 내렸다.

미국인들은 직접 달에 간 우주인을 영웅으로 떠받들었다. 그렇지만 존슨처럼 뒤에서 묵묵히 일한 수많은 사람의 노력이 없었다면 인간의 달 착륙은 불가능한 일이었다. 존슨은 공로를 인정받아 30년 넘게 NASA에서 정식 연구원으로 일하면서 수많은 난제를 해결했으나 세상에 이름이 알려지지는 않았다.

2015년 버락 오바마 대통령이 존슨의 업적을 높이 평가해 상을 주면서 그녀의 존재가 세상에 알려지게 되었다. 2017년 NASA는 일평생 국가를 위해 헌신한 존슨의 업적을 기리기 위해 연구소 이름으로 그녀의 이름을 붙이기도 했다. 존슨은 '흑인은 수학을 잘 못하는 인종'이라는 고정관념을 깨트렸을 뿐 아니라 미국 우주개발 역사상 중요한 역할을 한 인물이다.

4장

핼러윈데이 문화를 가져온

아일랜드계 미국인

핍박받고 무시당한 아일랜드 사람들

백인 청교도, 흑인에 이어 살펴볼 미국의 민족은 아일랜드인입니다. 오랜 역사를 자랑하던 아일랜드는 12세기 후반 영국 국왕 헨리 2세의 침략으로 인해 점차 식민지로 전락하게 되었습니다. 세월이 지나면서 국왕이 계속 바뀌었어도 아일랜드를 예속화하려는 영국의 집요함은 지속될 뿐이었지요. 영국은 토질과 기후가 척박해서 먹고 살

아일랜드 위치

아일랜드를 착취한 올리버 크롬웰

기에 충분한 농산물을 생산하지 못 하는 나라였습니다. 따라서 아일랜드를 식민지로 삼은 데는 경제적 요인이 가장 컸지요. 이후 영국은 그들의 국교인 성공회를 아일랜드에 강요했습니다. 가톨릭 국가였던 아일랜드는 거절했고, 이에 영국의 미움을 사게 되었지요.

17세기에 들어서자 더 큰 비극이 들이닥쳤습니다. 영국을 철권 통치하던 호국경* 올리버 크롬웰Oliver Cromwell이 아일랜드 사람들의 토지를 전부 몰수해 영국인에게 나눠 준 것입니다. 유럽은 역사적으로 다른 나라를 침략하는 경우가 많았지만 이처럼 모든 땅을 빼앗는 경우는 드물었습니다. 땅을 잃은 아일랜드 사람들은 영국인 지주 아래에서 소작농으로 살아가야 했습니다.

영국은 아일랜드인의 민족정신까지 말살하려고 했습니다. 이를 위해 가톨릭을 탄압하고 아일랜드 모국어인 게일어를 사용하지 못하도록 했습니다. 영국 군인들은 아일랜드 곳곳을 지키고 있다가 게일어를 쓰는 사람이 보이면 그 자리에서 목을 베는 만행을 저질렀습니다.

---

* 영국에서 왕을 대신하는 섭정 귀족에게 붙이던 호칭.

아일랜드 사람들은 모국어를 지키기 위해 집과 성당에서 아이들에게 몰래 게일어를 가르쳤습니다.

아일랜드인에게는 정치에 참여할 수 있는 참정권이 인정되지 않아 아무런 권리도 주장할 수 없었습니다. 또 교육 금지령으로 인해 자녀에게 글조차 가르칠 수 없었습니다. 아일랜드인은 유럽에서도 교육열

'하얀 검둥이'로 불리며 차별받은 아일랜드 사람들

이 높기로 유명했지만, 영국은 우민화 정책을 펼쳐 그들을 어리석게 만들려고 했지요. 영국인들은 아일랜드 사람을 '하얀 검둥이'라고 부르며 차별했으며, '아일랜드인은 더럽고, 야비하고, 질서 없는 민족'이라는 편견을 갖고 인간으로 대접하지 않았습니다. 이렇듯 아일랜드인은 모든 것을 빼앗긴 채 노예와 같은 삶을 강요당했지만 굴하지 않고 끊임없이 저항했습니다.

어둠 속에서 자라는 고마운 감자

1998년 미국의 저명한 시사 주간지 〈라이프〉는 각 분야의 전문가에게 의뢰해 지난 1천 년간 인류사에 가장 큰 영향을 준 사건 100가

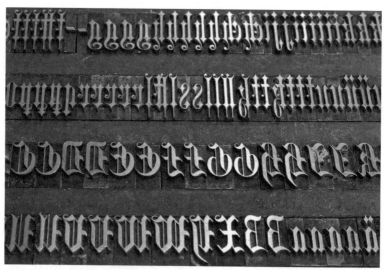

인류의 지식 확산에 결정적 계기가 된 금속활자

지를 선정해 발표했습니다. 일람표에는 다양한 사건들이 이름을 올렸습니다. 그중 가장 윗자리에는 구텐베르크의 인쇄술이 자리했습니다. 15세기에 구텐베르크가 금속활자를 이용해 대량으로 서적을 찍어내자 지식이 널리 보급되어 인류 발전에 크게 기여했기 때문이지요. 두 번째로는 콜럼버스의 아메리카 대륙 발견이, 세 번째로는 마르틴 루터의 종교개혁이 자리를 차지했습니다.

재미있는 것은 39위에 오른 사건입니다. '1537년 유럽에서의 첫 번째 감자 수확'이 그 자리를 차지했습니다. 대체 감자가 왜 그렇게 중요한 것일까요? 인간의 입으로 들어가는 수많은 먹거리 중 감자가 선택된 것은 그만큼 역사적 의미를 지니고 있기 때문입니다.

감자는 7,000년 전부터 남아메리카_{남미} 안데스산맥에 살던 원주민

구텐베르크 금속활자로 인쇄한 성경

의 주식이었습니다. 유럽에는 스페인 정복자들에 의해 16세기 들어 소개되었지요. 감자는 처음에는 사랑받지 못했습니다. 기독교가 지배하던 유럽 사회에서 감자는 성경에 등장하지 않는 식물이라 일단 경계의 대상이었습니다. 겉모습이 울퉁불퉁해 마치 한센병에 걸린 사람의 모습 같았고 열매가 땅속에서 자라는 점 역시 불쾌한 감정이 들게 했습니다. 당시의 사람들은 기독교적 가치관에 따라 모든 만물은 하늘에서 비추는 햇빛을 보고 자라야 한다고 생각해서 어둠 속에서 자라는 감자를 이상하게 여겼습니다. 이렇듯 먼 남미 대륙에서 건너온 감자는 유럽인에게 '악마의 열매' 취급을 받았습니다.

한편 감자는 오랜 기간 바다에서 생활해야 하는 선원들에게는 필수품이나 다름없었습니다. 별다른 관리 없이도 장기간 보존할 수 있

'악마의 열매'로 불린 감자

을 뿐 아니라 '땅속의 사과'라는 별명에 걸맞게 사과의 6배나 되는 많은 비타민C를 함유하고 있어서였지요. 당시 장거리를 항해하는 선원들은 비타민C가 부족할 때 생기는 괴혈병으로 목숨을 잃기 쉬웠는데 감자를 먹고 문제를 해결할 수 있었습니다.

감자가 아일랜드에 들어온 것은 1740년이었습니다. 스페인 무역선이 난파되어 아일랜드 해안가에 좌초된 일이 있었는데 이때 상륙한 스페인 선원을 통해 전해진 것이지요. 유럽인에게 찬밥 취급을 받던 감자는 아일랜드에서는 기근을 막아주는 구황작물로 크게 각광받았습니다. 감자는 척박한 토양에서도 잘 자랄 뿐 아니라, 재배를 위해 별다른 노동력이 들지도 않았습니다.

아일랜드 사람에게 감자가 소중한 작물이 된 것은 뼈아픈 역사 때문이기도 합니다. 이곳을 지배했던 영국인 지주들은 직접 농장에 살면서 아일랜드 소작인을 관리했습니다. 지주가 소작인과 같은 공간에 살다 보니 서로의 형편을 알 수 있었지요. 18세기 이전까지만 하더라도 흉년이 들었을 때는 지주들이 소작료를 줄여 주기도 하면서 그럭저럭 함께 살아갔습니다.

그런데 18세기 이후 지주와 소작인 사이에 미들맨Middle Man이라는 중개인이 끼어들면서 상황이 바뀌어 갔습니다. 중개인은 지주에게 매년 일정 금액의 토지사용료를 내는 조건으로 농지를 통째로 빌렸습니다. 그리고 이를 작게 쪼개 소작농에게 비싼 임대료를 받고 빌려 줬습니다. 영국인 지주는 더는 아일랜드의 농촌에 있을 필요가 없어서 본국으로 돌아가 부재지주로서 임대료만 챙겼습니다. 중개인은 자신의 이익을 극대화하기 위해 이전보다 훨씬 많은 소작료를 거두어들였습니다. 아일랜드 농민의 삶은 날이 갈수록 피폐해졌지요. 비싼 토지사용료를 내지 못해 농지에서 쫓겨난 아일랜드 소작농은 먹고살기 위해 영국으로 건너가 날품팔이를 하며 힘든 나날을 보내야 했습니다.

영국은 이런 상황을 전혀 고려해 주지 않고 아일랜드에서 생산되는 밀이나 콩 같은 곡물을 대거 수탈해 갔습니다. 아일랜드 사람들은 먹거리 부족에 시달릴 수밖에 없었지요. 이때 굶주림을 해결해 준 먹거리가 바로 감자였습니다. 아일랜드인이 봄철에 감자를 심고 영국에서 날품팔이하다가 가을에 돌아오면 감자는 큼지막하게 자라 수확을 기다리고 있었습니다.

다행히도 영국인은 감자를 노예나 먹는 천박한 음식으로 여겼기 때문에 수탈 대상에서 제외했습니다. 영국의 부유층은 하얗고 부드러운 밀빵, 서민은 거친 호밀빵, 아일랜드 사람은 감자라는 먹거리

가난한 사람들의
주식이었던 감자

등식이 있을 정도로 계층에 따라 먹는 음식이 달랐습니다. 19세기 아
일랜드 사람의 40% 정도가 감자와 우유만 먹고 버텼는데, 감자에는
생활하는 데 지장이 없을 정도로 충분한 영양소가 포함되어 있기에
가능한 일이었습니다.

감자가 사라지자 생긴 비극

1845년, 아일랜드를 비롯한 유럽에 감자 잎마름병이 돌아 감자 농
사는 치명적인 타격을 입었습니다. 병에 걸린 감자는 식물 전체가 검
게 썩어 문드러져 갔고 그 자리에 곰팡이가 가득 피었습니다. 이듬해
에도 감자 잎마름병이 돌아 아일랜드에는 멀쩡한 감자가 거의 없을
지경이었습니다. 유럽 전역으로 이 병이 휘몰아쳤지만, 아일랜드만
큼 심각한 타격을 입은 나라는 없었습니다. 아일랜드는 감자에 대한
의존도가 지나치게 높았습니다. 게다가 아일랜드 사람들은 좀 더 많

은 감자를 얻기 위해 수확량이 가장 높은 단일품종만 재배했는데, 이 것이 화근이 되었습니다.

아일랜드에 감자가 사라지면서 극심한 기근이 찾아왔습니다. 농사를 망쳐서가 아니었습니다. 땅에는 밀, 콩, 귀리, 보리 등 아일랜드 사람들이 충분히 먹고살 수 있을 만큼 다양한 곡물이 자라고 있었으니까요. 곡물 생산량은 부족하지 않았지만, 필요한 사람에게 제대로 분배되지 않은 것이 문제였지요. 영국은 아일랜드에 극심한 기근이 찾아와도 이곳에서 수확한 곡물을 굶주리고 있는 사람에게 나누어 주지 않고 계속 본국으로 반출했습니다.

먹을 것이 없던 사람들은 꼼짝없이 굶어 죽어야 했고 살아남은 사람도 영양실조로 고통받았습니다. 제대로 먹지 못한 사람들은 티푸스나 콜레라 같은 전염병에 쉽게 걸려 생을 마감했습니다. 영양실조에 걸린 어린이의 배는 산처럼 부풀어 올랐고, 굶주리거나 병들어 움직일 수 없는 사람들은 쥐들에게 산 채로 뜯어 먹히는 일이 비일비재했습니다. 길에서는 죽은 시신이 악취를 내뿜어 숨을 제대로 쉴 수조차 없었습니다.

1845년부터 1851년까지 이어진 아일랜드 대기근 기간에 800만 명의 인구 중 무려 200만 명 이상이 굶어 죽었습니다. 대기근으로 떼죽음을 당한 사람들을

전염병에 걸려 먹을 수 없게 된 감자

안타깝게 여긴 오스만 제국의 술탄 Sultan *은 아일랜드 사람들을 위해 당시 거액인 1만 파운드를 기부하려고 했습니다. 그러나 영국의 빅토리아 여왕은 아일랜드에 1,000파운드만 보내도록 했습니다. 영국이 아일랜드를 도우려는 생각이 없다는 사실을 눈치챈 오스만 제국 술탄은 영국 몰래 곡물을 가득 실은 3척의 선박을 아일랜드로 보내는 선행을

아일랜드 사람을 모질게 통치했던
영국의 빅토리아 여왕

베풀었습니다. 영국의 노력은 미흡하기 짝이 없었습니다. 심지어 구호업무를 담당하던 영국 관리는 "대기근은 나태하기 짝이 없는 아일랜드 사람에게 교훈을 주기 위한 하나님의 섭리이다."라고 말할 정도로 뻔뻔했습니다. 벼랑 끝에 몰린 아일랜드 사람들은 살기 위해 고국을 버리고 미국으로 떠나야 했습니다.

관선에서 타이타닉까지

살아남기 위해 고향을 떠나려고 했던 아일랜드 사람들의 첫 번째

---

* 이슬람교국의 군주.

목적지는 종주국 영국이었습니다. 하지만 영국은 아일랜드 사람들이 이주해 오는 것을 원하지 않았습니다. 영국으로 가는 해로는 영국 해군이 모두 봉쇄했으므로 어쩔 수 없이 미국으로 발길을 돌려야 했습니다. 아일랜드를 탈출해 미국으로 가려는 사람들에게 가장 큰 문제는 대서양을 건너는 일이었습니다. 영국과 미국을 오가는 배의 삯을 치를 만한 아일랜드 사람은 극소수에 불과했지요. 이에 거친 대서양을 건너기에는 부실하기 그지없는 관선에 몸을 실어야 했습니다.

아일랜드에서 미국으로 가는 배를 '시체 담는 궤'라는 의미의 '관선'으로 부른 것은 영국인 선주들이 원가절감을 위해 배를 엉터리로 만들었기 때문입니다. 관선은 조금만 강한 파도가 일어도 부서졌지요. 밑바닥에 물이 새어 항해 도중 그대로 가라앉는 경우도 많았습니다. 대기근 기간에 200만 명 넘는 아일랜드 사람들이 위험천만한 관선을 타고 대서양을 건넜고, 대기근 이후에도 이들의 미국 이주는 계속되었습니다.

1912년 침몰한 타이타닉호에도 아일랜드 사람들의 슬픈 사연이 담겨 있습니다. 영국의 선박 제조회사는 유럽에서 인건비가 가장 저렴한 아일랜드

관선을 타고 고향을 등지는 아일랜드 사람들

에 조선소를 세우고 배를 만들었습니다. 타이타닉호는 당시 세계에서 가장 큰 선박이었습니다. 오늘날에는 항공모함이나 초대형 크루즈 등 그보다 큰 배가 많이 건조되지만 100여 년 전에는 이만한 크기의 배를 만든다는 것 자체가 대단한 일이었습니다. 1만 5천여 명의 아일랜드 노동자들은 최저 생계비에도 미치지 못하는 저임금을 받으며 타이타닉호를 완성했습니다.

최고급 레스토랑, 수영장, 도서관, 체육관, 엘리베이터, 병원 등 온갖 편의시설을 완비한 초호화 여객선 타이타닉호는 떠다니는 특급호텔이나 다름없었습니다. 특실이나 1등실 손님은 대부분 돈 많은 영국인이었지만 3등실은 먹고살기 위해 무조건 미국으로 떠나는 아일랜드 사람들의 몫이었습니다.

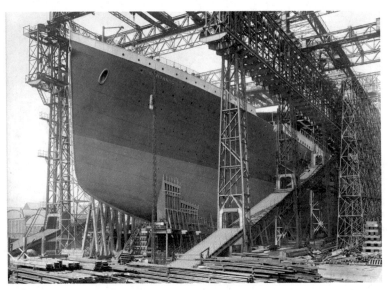

아일랜드인의 피땀으로 건조된 타이타닉

1912년 4월 10일 영국의 사우샘프턴항을 떠난 타이타닉호는 아일랜드 코브항에서 마지막 승객을 태운 후 대서양으로 갔습니다. 4월 14일 아침, 선장은 북극해에서 떠내려온 유빙을 조심하라는 경고를 수차례 받았습니다. 그러나 그는 자신의 경험을 지나치게 믿고 경고에 주의를 기울이지 않았습니다. 게다가 출항 전, 회사로부터 초고속으로 항해하라는 지시를 받은 상태였습니다. 그날 밤 타이타닉호의 오른쪽 뱃머리가 거대한 유빙에 부딪히면서 구멍이 생겼습니다. 순식간에 바닷물이 쏟아져 들어오자 선장은 승객들에게 탈출을 지시했습니다.

그런데 타이타닉호에 실려 있는 구명정은 고작 20대에 불과해 2,200명 넘는 승객의 절반도 수용하기가 버거웠습니다. 1등실에는 구명정이 완비되어 있었지만 아일랜드 승객이 대다수이던 3등실에는 구명정이 아예 없었습니다. 배가 침몰하기 시작하자 돈 많은 1등실 승객들은 구명정을 타고 쏜살같이 타이타닉호를 벗어났지만 가난한 3등실 승객은 떼죽음을 면치 못했습니다.

구명정이 수용할 수 있는 적정인원은 1,200명 정도였으나 불편을 감수한다면 훨씬 더 많은 인원을 태울 수 있었습니다. 하지만 1등실의 영국인 승객은 3등실의 아일랜드 승객과 같은 구명정에 타기를 원하지 않았습니다. 그 결과 구명정 적정수용 인원에 훨씬 못 미치는 700여 명의 승객만 목숨을 건질 수 있었습니다. 구명정에 오르지 못한 1,500여 명의 승객은 무작정 바다로 뛰어들었으나 북극해의 찬

바닷물에서 오랫동안 견딜 수 있는 사람은 없었지요. 인근 해역을 지나던 여객선 카르파시아호는 조난신호를 받고 전속력으로 달려와 1시간 50분 후에 현장에 도착했습니다. 바다 위에는 구명복을 입고 둥둥 떠 있는 1,500여 명의 승객과 승무원이 있었지만 살아 있는 사람은 한 명도 없었습니다. 이처럼 아일랜드 사람들의 미국 이주는 고난의 연속이었지만 감자 대기근 이후 1960년대까지 쉼 없이 계속되었습니다.

환영받지 못한 자들

수많은 아일랜드 사람이 목숨을 건 항해 끝에 가까스로 미국으로 건너왔지만, 이들을 기다리는 것은 차별뿐이었습니다. 미국은 영국 출신 청교도에 의해 세워졌다는 의식이 강한 나라입니다. 시간이 흐르며 영국뿐 아니라 북유럽, 독일 등지에서도 이민자가 들어왔지만 이들 역시 어느 정도의 재산을 가진 개신교도였지요. 가난한 가톨릭교도 출신이던 아일랜드인과는 입지가 달랐습니다.

영국을 비롯한 북유럽 출신의 개신교를 믿는 백인, 즉 앵글로색슨계 미국 개신교도를 '와스프WASP, White Anglo-Saxon Protestant'라고 합니다. 이들은 미국이 개신교 국가로 남기를 원했기 때문에 가톨릭을 믿는 아일랜드인을 불청객으로 취급했습니다. 미국에 안착한 기득권층의 눈에 아일랜드 사람들은 국가발전에 도움되지 않는, 가난하고 못 배운 소작농 출신일 뿐이었지요.

미국 땅에 발을 내디딘 아일랜드 사람들은 먼저 정착한 동포들이 사는 곳으로 무작정 몰려들었습니다. 이들은 가까운 도시에 정착해 사회의 하층을 형성했습니다. 와스프가 정치, 경제 등 모든 분야를 장악한 미국에서 천박한 민족으로 간주되던 아일랜드 이주민은 허드레 일자리 하나 얻기가 쉽지 않았습니다. 당시 구인광고에는 '일할 사람을 구하지만 아일랜드 사람은 원하지 않습니다.Help wanted, No Irish Need Apply'라는 문구가 널리 유행했습니다. 이 구절은 와스프가 아일랜드 이주민을 얼마나 차별했는지를 잘 보여주고 있습니다. 건설현장에서 날품팔이하며 하루하루 근근이 살아가는 아일랜드 사람들은 가난할 수밖에 없었습니다.

가톨릭 신자인 아일랜드 이주민은 개신교도와 달리 음주에 대해 관대했기 때문에 알코올 중독자가 많아 와스프의 눈살을 찌푸리게

미국의 대표적인 와스프, 트럼프와 부시 대통령 부부

했습니다. 이민 초기, 미국 사회의 비주류로서 고국에서와 큰 차이 없을 만큼 비참한 삶을 살아가던 아일랜드 이주자들은 밤마다 술집에 모여 싸움을 일삼거나 자신의 신세를 한탄하며 기득권층에 대한 불만을 쏟아 냈지요. 시간이 흐르자 그들은 점차 반사회적인 세력이 되면서 생존을 위해 갱단을 조직하기 시작했습니다. 술, 도박 등 온갖 불법적인 수단을 동원해 부를 축적하고 세력을 키워갔던 것이지요. 곧이어 이탈리아에서 유입된 이민자도 갱단 조직에 나서면서 미국 사회는 바람 잘 날이 없었습니다.

1920년 미국에 금주령이 내려지자 아일랜드계와 이탈리아계 갱단은 밀주 사업권을 두고 치열한 이권 쟁탈전을 벌여 미국 사회를 공포의 도가니로 몰아넣었습니다. 기관총을 비롯하여 각종 중화기로 무장한 갱단은 벌건 대낮에도 상대방을 제거하기 위해 총기를 난사하는 등 온갖 범죄를 저질러 큰 물의를 일으키기도 했습니다.

핼러윈의 기원

오늘날 미국인에게 사랑받는 명절 중 하나인 핼러윈은 아일랜드인의 조상인 켈트족의 전통 축제에서 유래했습니다. 켈트족은 11월 1일을 새해로 정했기 때문에 한 해의 마지막 날은 10월 31일이었습니다. 켈트족의 후예인 아일랜드 사람들은 한 해의 마지막 날이 되면 정성스럽게 음식을 마련해 죽음의 신에게 제사를 올림으로써 죽은 이들을 위로하고 악령을 쫓는 행사를 벌였습니다. 핼러윈 축제가 열리는 날, 사람들은 거리를 헤매는 악령들이 인간을 해치는 것을 막기 위해 요괴 복장을 하고 다니며 축제를 즐겼습니다. 유령이나 괴물 분장을 하고 다니면 악령들이 인간임을 알아보지 못할 것으로 생각했기 때문인데, 이때 기괴한 모습으로 꾸미는 풍습이 핼러윈 분장 문화의 원형이 되었지요.

19세기 중반까지만 하더라도 미국의 핼러윈은 그저 켈트족 풍습을 간직하고 있던 아일랜드 이민자들만의 작은 지역 축제 정도였지요. 그러나 1840년대 대기근으로 200만 명 넘는 아일랜드 사람이 미국으로 이주하면서 핼러윈이 퍼져 나가기 시작했고, 지금은 미국을 대표하는 축제로 자리 잡았습니다.

해마다 핼러윈이 되면 가정마다 속을 파낸 호박에 눈, 코, 입 등의 모양을 뚫고 요괴 모양으로 만든 뒤 그 안에 촛불을 켜 놓습니다. 이 호박등燈을 일컬어 '잭오랜턴 Jack-O'-Lantern'이라고 하는데, 여기에는 재

핼러윈을 즐기는 아일랜드인

호박으로 만든 잭오랜턴

미난 이야기가 있습니다.

아주 오랜 옛날 욕심 많고 거짓말을 잘하는 구두쇠 영감 잭_{Jack}이 살았습니다. 그는 어느 날 악마를 만났습니다. 악마가 자꾸만 뒤를 따라오자 잭은 꾀를 내었죠. 그는 사과가 맛있게 익었다며 나무 한 그루를 가리켰습니다. 잭의 거짓말에 속은 악마가 나무에 올라가자 그는 얼른 칼을 꺼내 사과나무에 십자가를 새겼답니다. 십자가가 두려워서 나무에서 내려오지 못하고 당황해하는 악마에게 잭은 흥정을 걸었습니다. 나무에 새긴 십자가를 없애는 조건으로 두 번 다시 나타나지 말 것과 자신이 죽은 뒤 지옥에 데려가지 말 것을 약속 받아 냈습니다.

다양한 호박요리를 먹는 핼러윈

세월이 흐른 뒤 잭은 세상을 떠났습니다. 생전에 많은 악행을 저질러 천국에 갈 수 없었던 잭은 살을 에는 듯한 아일랜드의 겨울 거리를 헤매고 다녔습니다. 칼바람 때문에 고통스러웠던 잭은 악마를 찾아가 지옥에라도 보내 달라고 간청했지만, 악마는 단번에 거절했지요. 대신 추위에 떨고 있는 잭을 위해 지옥에서 활활 타는 숯덩어리 하나를 가져다 주었습니다. 잭은 열기를 오랫동안 보존하기 위해 그 숯을 호박 속에 두었습니다. 이때부터 그는 호박등을 들고 쉴 만한 곳을 찾아 오늘날까지 거리를 헤매고 돌아다닌다고 해요.

잭오랜턴의 기원이 된 잭 영감을 흉내 내기 위해서 아일랜드 사람들은 핼러윈 축제일에 집집마다 호박등을 만듭니다. 이때 나오는 호박의 부산물을 이용해 호박파이, 호박 케이크, 호박 쿠키 등 다양한 요리를 만들어 먹습니다. 핼러윈 축제일에 요괴 복장을 한 동네 아이들이 잭오랜턴을 밝힌 집을 찾아다니며 문을 두드리면 어른들은 미리 준비해 둔 초콜릿, 과자, 사탕 등의 선물을 주며 즐거움을 함께합니다. 만약 집주인이 잭 영감처럼 구두쇠라서 선물을 주지 않으면 아이들은 집 앞에 더러운 것을 놓아두거나 비누로 창문에 낙서하며 불만을 표시하기 때문에 웬만한 어른들은 동네 아이들을 위한 선물을 미리 준비하지요.

오늘날 핼러윈 축제를 두고 쓸데없는 짓이라고 비판하는 사람도 적지 않지만, 이날은 중세 시대에 아일랜드에서 부자들이 가난한 사람들에게 음식을 베풀고 이웃과 교제하는 뜻깊은 날이었습니다. 이러한 전통은 오늘날에도 계속되어 핼러윈 축제일에는 도움이 필요한 세계 아이들을 위해 엄청난 금액의 기부금이 모입니다. 핼러윈 축제는 원래 아일랜드만의 전통이었지만 아일랜드 이민자가 늘어나고 미국의 주류층으로 떠오르면서 모든 미국인이 함께 즐기는 명절로 승화되었습니다.

성 패트릭과 세 잎 클로버

성 패트릭의 날은 핼러윈과 더불어 아일랜드 사람에게 가장 소중한 민속 명절입니다. 1776년에 독립을 쟁취할 때까지는 식민지였던 미국 전역에 대규모 영국군이 주둔하고 있었습니다. 그들은 미국인을 무시하고 혹독하게 다루어 훗날 독립운동의 빌미를 제공했습니다. 미국에 파병된 영국군 중에는 상당수의 아일랜드 출신이 포함되어 있었지요. 아일랜드계 병사들은 영국인으로부터 수시로 폭행과 폭언을 당하기 일쑤였습니다. 고된 군 생활을 이어가던 아일랜드계 병사들에게 이국땅의 서러움은 고향에 대한 향수를 불러일으켰습니다. 그들은 1762년 3월 17일 성 패트릭의 날을 기해 음악에 맞춰 거리 행진을 시작하며 마음을 달랬습니다. 성 패트릭이 아일랜드인에게 어떤 사람이기에 이런 일이 생겼을까요?

서기 387년 부유한 로마계 영국인으로 태어난 패트릭은 16세 때 해안가에서 아일랜드 해적에게 납치되어 끌려가 수년간 혹독한 노예 생활을 했습니다. 어느 날 그는 꿈속에서 아일랜드를 떠나라는 신의 계시를 받고 탈출에 성공해 영국으로 돌아왔고 이후 신앙생활에 매진했습니다. 신부가 된 패트릭은 이른 나이에 주교로 임명되는 등 나름대로 성공적인 삶을 살았지요. 432년 패트릭 주교는 꿈속에서 고통받는 아일랜드 사람들을 보았습니다. '거룩한 노예 소년이여, 얼른 와서 우리를 구해주세요.'라는 아일랜드 사람들의 절규가 생생히 들렸습니다.

당시 로마 교황청은 아일랜드 사람, 즉 켈트족은 도저히 개종이 불가한 야만인으로 여겨 선교 활동을 포기한 상태였습니다. 그도 그럴 것이 켈트족은 오래전부터 '죽음의 신'을 세계의 주재자로 받들어, 로마 가톨릭 입장에서 보면 악마 숭배집단과 다를 것이 없었습니다. 드루이드교Druidism라 불린 켈트족의 민족 종교는 영혼의 불멸을 믿어 인간이 죽으면 윤회한다고 생각했습니다. 따라서 영혼의 안식처인

천국의 존재를 믿는 기독교적 세계관과는 매우 달랐습니다.

유럽의 모든 기독교도가 접근하기를 꺼렸던 '야만의 땅' 아일랜드에 복음을 전파하기 위해서 패트릭 신부는 험난한 여정을 시작했습니다. 죽음의 신을 열렬히 숭배하는 켈트족을 개종시키기란 여간 어려운 일이 아니었습니다. 패트릭 신부는 하느님, 예수님, 성령이 하나 됨을 의미하는 '삼위

패트릭 신부가 기독교를
설명하기 위해 사용한
세 잎 클로버

일체설'을 설명하기 위해 잎은 세 방향으로 갈라져 있지만 줄기는 하나인 세 잎 클로버를 활용했습니다. 봄이 찾아오기 무섭게 아일랜드

아일랜드인이 다니는 가톨릭 교회

들판을 수놓는 세 잎 클로버는 켈트족에게 기독교의 삼위일체설을 설명하기에 더없이 훌륭한 도구였지요.

아일랜드는 패트릭 신부의 헌신 덕분에 세월이 흐르면서 가톨릭 국가로 거듭나 유럽 국가의 문물을 받으며 문명화되었습니다. 패트릭 신부는 숨을 거두는 날까지 초심을 유지하며 아일랜드에서 포교 활동을 계속하다가 461년 3월 17일 세상을 떠났습니다. 아일랜드 사람들은 패트릭 신부가 타계한 3월 17일에 아일랜드 전역과 아일랜드인이 사는 모든 곳에서 대대적인 추모행사를 펼치고 있습니다. 평생을 청렴하게 살면서 켈트족 교화에 헌신한 그에게 감사의 마음을 표시하기 위해서이지요. 아일랜드 전통복장을 한 백파이프 악단과 성 패트릭 모습을 한 인형이 거리를 행진하는데, 거리 행진에 등장하는 모든 형상은 아일랜드를 상징하는 녹색으로 되어 있습니다.

성 패트릭의 날 악기를 연주하며 행진하는 아일랜드인

강에 녹색 물감을 푸는 성 패트릭의 날

　아일랜드 사람들의 ‘성 패트릭의 날’ 기념행사가 처음부터 미국인
의 사랑을 받았던 것은 아닙니다. 정착 초기 빈민층에 지나지 않았
던 아일랜드 사람들이 악기를 연주하며 거리를 행진하는 것을 본 많
은 미국인은 비웃을 뿐이었습니다. 하지만 시간이 흐르면서 ‘성 패트
릭의 날’은 핼러윈처럼 아일랜드 사람의 위상 강화와 발맞춰 점차 무
시하지 못할 행사로 자리를 잡아갔습니다. 악착같이 일해 아메리칸
드림을 성취한 아일랜드 사람이 늘어나면서 정치인도 이들을 함부로
대할 수 없었습니다.

　대부분의 아일랜드인이 미국에서 중산층으로 진입하며 성공을 거
두자 미국의 정치인들은 저마다 ‘성 패트릭의 날’에 얼굴을 내밀고

이름을 알리기 위해 노력합니다. 미국 대중도 아일랜드 사람의 축제를 마치 자기네 명절인 것처럼 소중히 여깁니다. 축제 당일에 아일랜드 사람들이 좋아하는 녹색의 물결이 미국 전역을 휩씁니다.

성 패트릭의 날 녹색 옷을 입은 사람들

이제 '성 패트릭의 날'은 인종, 종교, 지역과 관계없이 누구나 참여하는 축제로 자리 잡았습니다. 뉴욕, 시카고, 보스턴 등 대도시는 물론 작은 마을에서도 성대한 행사가 벌어집니다. 행사에 참여한 수백만 명 이상의 사람이 녹색 옷을 입고 얼굴과 온몸에 녹색 페인트칠을 합니다. 흐르는 강물에도 녹색 물감을 뿌려 세상을 온통 녹색의 물결로 만듭니다. 가정마다 굵은 소금을 넣고 푹 삶은 소고기 요리에 시원한 아일랜드산 기네스Guinness 흑맥주를 한 잔씩 마시며 흥겨운 날을 보냅니다.

과거 가난한 이민자들의 소박한 명절이었던 '성 패트릭의 날'은 아일랜드계 미국인의 지위 상승과 더불어 오늘날 미국을 상징하는 대중문화로 발전하여 미국 문화를 풍요롭게 해주고 있습니다.

뜨거운 교육열로 성공한 아일랜드 사람들

1845년 감자 대기근을 계기로 미국으로 이주해 온 아일랜드계 미국인은 이민 초기에 수많은 난관을 겪었지만, 시간이 흐르자 미국 사회에 뿌리를 내리며 자신들의 영역을 만들어 냈습니다. 다른 민족에 비해 뜨거운 교육열을 가진 것이 그들을 성공으로 끌어올린 디딤돌이 되었습니다. 20세기 초반 미국에 들어선 고층 건물은 대부분 아일랜드 출신 노동자에 의해 지어졌다는 말이 나올 정도로, 그들은 모두가 꺼리는 힘든 일을 도맡아 했습니다. 아일랜드계 미국인은 사회 밑바닥을 전전하며 힘들게 돈을 벌었지만 자녀 교육을 위해서는 투자를 마다하지 않았습니다. 그들의 헌신적인 노력으로 대학교육을 받은 자녀들이 늘어나면서 아일랜드계 미국인의 위상이 높아졌습니다.

감자 대기근 이후 아일랜드 사람들이 끊임없이 미국으로 밀려오다 보니 20세기에 이르러 그들은 독일계에 이어 두 번째로 비중이 큰 유럽계 민족이 되었습니다. 전체 미국 인구 중 12%가량을 차지하는 아일랜드계는 17%에 이르는 독일계보다는 적지만, 미국의 주인으로 자부하는 영국계를 추월하면서 어떤 민족도 무시할 수 없는 존재가 되었습니다.

제2차 세계대전 이후 미국의 아일랜드계 이민자들은 정계 진출을 통해 사회 주류층으로 자리를 굳히며 영향력을 극대화하였습니다. 과거 눈물 젖은 빵을 맛보았던 이들은 강력한 결속력으로 정치적 영향력을 발휘했지요. 기존 정치인 중 누구라도 아일랜드계를 무시하는 언행을 하면 미국에 있는 아일랜드 사람 모두가 힘을 합쳐 응징에 나섰기 때문에 기득권층은 그들을 함부로 대할 수 없었습니다.

1960년 아일랜드계 존 F. 케네디가 미국의 제35대 대통령에 당선된 일은 미국에 살던 아일랜드 사람들에게 자부심을 심어 주었습니다. 케네디가家는 감자 대기근 당시 목숨을 연명하기 위해 미국으로 건너온 이민자의 후손으로, 술을 만들어 파는 양조사업으로 큰돈을 번 집안이었습니다. 케네디가의 구성원 대부분은 하버드대를 졸업했고 이후 정계에 진출해 대통령, 연방 상원의원, 법무부 장관 등 미국 정치 권력의 핵심부를 장악하며 막강한 영향력을 행사했습니다.

존 F. 케네디는 비록 임기를 채우지 못하고 암살을 당해 생을 마감했지만, 아일랜드계가 정치 권력의 정점에 섰다는 사실을 세계에 보여주었습니다. 이전까지만 하더라도 역대 미국 대통령 모두 앵글로색슨계의 와스프 출신으로서 대통령의 자리는 와스프의 전유물로 여겨졌습니다. 하지만 존 F. 케네디는 와스프가 아닌 사람으로서는 처음으로 대통령직에 올랐던 것입니다.

1980년 아일랜드계 로널드 레이건이 제40대 대통령에 당선되면서 또 한 번 아일랜드계의 힘을 보여주었습니다. 2000년 제44대 대통령으로 당선된 최초의 흑인 대통령 버락 오바마의 어머니도 아일랜드계 백인입니다. 이처럼 아일랜드계 미국인은 대통령을 비롯해 연방 상·하원의원, 각 주의 상·하원의원 등 정치권에 진출해 그들만의 영역을 구축하며 미국 사회에서 큰 성공을 거두었음을 여실히 보여주

아일랜드계 미국인 최초로 미국 대통령이 된 존 F. 케네디의 퍼레이드

고 있습니다.

오늘날 아일랜드 본토의 인구는 500만 명에 불과하지만, 아일랜드계 미국인의 수는 4,000만 명을 바라볼 만큼 많습니다. 고국의 총인구보다 8배나 많은 아일랜드 출신들은 미국 시민으로 살면서 그동안 미국 사회를 위해 많은 공헌을 해왔습니다. 아일랜드계의 교육과 소득수준은 다른 민족에 비해 상당히 높습니다. 또 전체 아일랜드계의 40% 이상이 전문직에 종사하고, 정치, 경제, 학문, 예술 등 다양한 분야에서 두각을 나타내며 유대인 못지않은 영향력을 행사하고 있습니다.

★

아일랜드 사람들이 이룬 승리

1949년 영국으로부터 완전한 독립을 이룰 때까지 본토 아일랜드는 700년 이상 식민지 신세를 벗어나지 못했다. 독립 후에도 먹고사는 문제는 해결되지 않았다. 변변한 산업조차 없었고 예전처럼 농사를 지으며 근근이 살아야 했다. 주변국들이 '유럽의 낙오자'라고 비아냥거리자 아일랜드는 오랜 기간 영국의 착취로 인한 결과물이라며 사죄를 요구했지만, 영국은 아랑곳하지 않았다.

인구가 수백만 명에 불과하고 자원 빈국인 데다 1인당 국민소득도 낮았던 아일랜드는 매력적인 시장이 아니었다. 1980년대까지도 부진을 면치 못하자 아일랜드는 외국기업의 투자를 끌어들이기 위해 파격적인 세율 정책을 마련했다. 현지법인을 만드는 외국기업은 소득에 대해 12.5%의 세율을 적용받았는데 이는 당시 유럽에서는 상상할 수 없는 낮은 세율이었다. 또 아일랜드는 외국기업의 편의를 돕기 위해 IDA _{아일랜드투자청}라는 조직을 만들어 정부가 할 수 있는 최상의 서비스를 제공했다. IDA 공무원들은 자국에 진출한 외국기업이 불편하지 않도록 일대일 전담 서비스를 제공해 해당 기업이 성공적으로 뿌리내릴 수 있도록 도왔다.

세계 공용어인 영어를 유창하게 구사하는 능력 역시 외국기업에 빠질

외국기업 유치로 성공한 아일랜드

수 없는 매력이었다. 식민지 시절 영국의 강요로 영어를 사용해야 했던 역사는 치욕이었지만, 이제는 뛰어난 영어 실력 자체가 하나의 경쟁력이 되었다. 또 전통적으로 교육열이 높은 아일랜드에는 우수한 대학이 많았는데 이는 고급 인력이 필요한 외국기업의 관심을 끌기에 충분했다.

아일랜드가 외국기업을 유치하기 위해 최선을 다하자 정보통신, 바이오, 제약 등 고급 인력이 필요한 첨단 산업 분야의 외국기업들이 투자에 나섰다. 1,000여 개의 투자기업 중에는 구글, 마이크로소프트, 애플, 페이스북 등 유난히 미국 기업이 많았다. 여기에는 미국에 있는 아일랜드 사람들의 도움이 적지 않았다. 미국계 기업을 중심으로 한 외국기업은 좋은 일자리를 많이 만들어 정부의 세금수입 증대에 결정적인 역할을 했고, 이에 아일랜드 경제는 1990년대 들어 폭발적인 성장을 거듭했다.

1998년 마침내 1인당 국민소득이 2만 5천 달러에 달해 영국의 2만 3,500달러를 뛰어넘는 기적 같은 일이 일어났다. 이를 기념하기 위해 아일랜드는 식민지 시절 영국인들이 아일랜드의 수도 더블린에 세웠던 영국 해군 명장 넬슨 제독의 동상을 없앴다. 대신 그 자리에 멋진 기념탑을 세웠다. 이후로도 아일랜드 경제는 성장을 거듭하면서 영국과의 격차가 더욱 벌어져 누구도 얕잡아 볼 수 없는 유럽의 경제 강국으로 자리매김했다.

아일랜드의 경제력이 막강해지자 영국도 예전처럼 아일랜드를 무시할 수는 없게 되었다. 2011년 영국 여왕 엘리자베스 2세는 아일랜드를 방문한 자리에서 과거 영국이 아일랜드에서 저질렀던 악행을 진솔하게 사과했다. 아일랜드 사람들은 더는 과거사에 얽매여 살 필요가 없다고 생각해 예전처럼 영국을 미워하지 않게 되었다. 아일랜드계 미국인들은 과거 아일랜드의 1인당 국민소득이 영국은 물론 미국까지 추월했던 사실에 큰 자부심을 느끼고 있다.

5장

열정의 땅 남미에서 온

히스패닉

운명을 가른 미국 멕시코 전쟁

미국과 멕시코는 서로 이웃한 나라입니다. 1821년 스페인으로부터 독립할 당시 멕시코의 영토는 미국에 버금갈 정도로 넓었습니다. 오늘날 미국의 캘리포니아, 애리조나, 유타, 네바다, 텍사스, 뉴멕시코 등 남서부 지역 대부분이 예전에는 멕시코의 북부 영토였지요. 스페인으로부터 갓 독립했을 무렵에는 멕시코 중앙정부의 관할권이 북부 영토까지 미치지 못했습니다. 그러자 미국인들이 멕시코 땅을 넘보기 시작했지요. 처음에는 멕시코 중앙정부도 북부 지역을 개발하기 위해 미국인들의 이주를 문제 삼지 않았습니다.

그런데 광활한 멕시코 땅으로 이주해 온 미국인들이 현지인들과 크고 작은 마찰을 빚었습니다. 텍사스에 정착한 사람들이 가장 많은 충돌을 일으켰습니다. 사실 두 나라는 국경이 접해있다 뿐, 다른 점이 많습니다. 영어를 사용하는 미국과 달리 과거 스페인 식민지였던 멕시코는 스페인어를 사용하고 가톨릭을 신봉합니다. 또 오랜 세월 스페인 정복자들과 원주민들의 광범위한 혼혈이 이루어져서 백인과는 다른 외모를 가지고 있습니다. 반면에 미국 주류층은 개신교를 신봉하는 유럽인의 후예로서 인종적·문화적으로 멕시코와 상당히 달랐습니다. 게다가 미국인은 자본주의적 생활방식에 익숙해서 오랫동안 농사를 짓고 살아온 멕시코인을 상대로 손쉽게 돈을 벌 수 있었습니다. 그 돈으로 현지인의 땅을 사들였지요. 대농장을 소유하게 된 미국인들은 아프리카에서 노예를 들여와 각종 상품작물을 재배해 적지 않은 수입을 올렸습니다.

멕시코는 법으로 노예 소유를 금지했습니다. 그들로서는 미국인들이 상권을 장악하고 노예까지 수입해 농장을 운영하는 것을 묵과할 수 없었지요. 1830년, 멕시코 정부는 공식적으로 미국인의 이주를 금지했습니다. 그러나 미국인들은 멕시코 정부의 정책에 따르지 않고 계속 텍사스로 몰려왔습니다. 1836년, 텍사스에 살던 미국인들(텍시안)은 멕시코 정부를 상대로 독립을 선언하며 '텍사스 공화국*'이라는

텍사스 공화국의 국기

독립 국가를 세우기에 이르렀습니다. 텍시안들은 미합중국과 합병하기를 원하는 마음에서 국기에 큰 별 하나를 그려 넣었습니다. 멕시코 정부는 텍사스 공화국을 독립 국가로 인

* 론스타 공화국이라고도 한다.

정하지 않았지만, 미국인들을 쫓아낼 방법이 없었습니다.

1845년, 마침내 텍사스 공화국과 미합중국이 합병했습니다. 텍사스 공화국은 미국의 28번째 주로 편입되었지요. 미국은 거대한 영토를 얻었지만 멕시코의 손실은 막대했습니다. 1846년 1월, 미국 연방정부는 텍사스에 대한 지배권을 확실히 하기 위해 군대를 주둔시켰습니다. 그러면서 미국의 영토가 리오그란데강까지라는 일방적인 주장을 펼쳤습니다. 그동안 두 나라의 경계선은 리오그란데강이 아니라 그보다 훨씬 북쪽의 누에세스강이었지만, 미국 정부가 이를 인정하지 않자 양국 사이에 전운이 감돌았습니다.

1846년 5월, 마침내 미국과 멕시코는 전쟁에 돌입했고 막강한 화력을 보유한 미국이 시종일관 승기를 잡았습니다. 변변한 군사력을

텍사스 공화국 영토(전체)

텍사스 공화국

텍사스 공화국(영유권 분쟁 지역)

현재의 텍사스주

텍사스 공화국과 미국의 합병

멕시코와의 전쟁에서 대승을 거둔 미국

갖추지 못한 멕시코 군대는 잘 훈련된 미군의 상대가 되지 못했지요. 1847년 9월, 미군에 의해 멕시코의 수도 멕시코시티가 점령되면서 양국 간의 전쟁은 미국의 일방적인 승리로 끝이 났습니다.

1848년 2월 양국 간의 종전협정이 맺어지면서 사태가 완전히 종결되었는데, 이 전쟁에서 미군은 1,700여 명의 전사자를 냈지만 멕시코는 사망자가 11,500여 명을 넘어서며 막대한 인명손실을 입었습니다. 또 전쟁이 멕시코 영토에서 이뤄지면서 멕시코 경제는 초토화되었습니다. 그뿐만이 아닙니다. 패전의 대가로 텍사스는 물론 캘리포니아, 뉴멕시코 등 북부 영토를 미국에 헐값으로 넘겨야 했습니다. 이는 두 나라의 운명에 큰 영향을 미쳤습니다. 영토를 크게 확장한 미국은 서부 개척을 시작할 수 있게 되었지만 영토를 잃은 멕시코는 북아메리카 지역에 대한 영향력을 상실했습니다. 이후 캘리포니아에서 금광이 발견되고 텍사스에서 대규모 유전이 발견되면서 미국은 남서부에서 자원의 축복을 누렸습니다. 하지만 이 지역에 살던 멕시코인들은 치카노 Chicano* 또는 라티노 Latino**로 불리며 무시와 차별의 대상으로 전락하고 말았습니다.

미국으로 몰려든 치카노

20세기 초까지만 하더라도 양국 사이 국경선은 있었지만 미국은 멕시코인의 출입을 거의 제한하지 않았습니다. 멕시코 사람들은 자유로이 미국을 넘나들 수 있었지요. 제2차 세계대전이 일어나고 수많은 젊은이가 군인이 되어 전쟁터로 떠나자 미국은 부족한 일손을 메우기 위해 멕시코에 노동자를 보내 달라고 요청하기도 했습니다.

멕시코와 국경을 접한 미국 남서부 주는 대부분 농업으로 생계를 이어갔는데, 전쟁이 일어나면서 갑자기 젊은 노동자들이 빠져나가자 극심한 인력난에 시달렸습니다. 이에 미국 정부가 멕시코에 사정하다시피 해 멕시코 노동자를 확보하면서 농장은 정상적으로 운영될 수 있었지요. 전쟁이 끝나고 미국의 젊은이들이 돌아오자 멕시코 노동자 대부분은 본국으로 돌아갔으나 일부는 농장에 남아 미국 사회

---

* 멕시코계 미국인을 이르는 말.
** 미국에 거주하는 라틴아메리카계(중남미) 시민들의 총칭.

미국에서 농장일을 하는 멕시코 노동자

에 뿌리를 내렸습니다. 이후 멕시코인의 미국 이주는 계속되었지만 대부분 농번기에 입국해 일손을 거들다가 농한기에는 고향으로 돌아가는 한시적인 이주였고 그 수도 많지 않았습니다.

그런데 1994년 미국, 캐나다, 멕시코 3국이 관세와 무역장벽을 폐지하는 NAFTA 북미자유무역협정을 맺으면서 사태가 급변했습니다. 세 나라 사이에 관세가 사라지자 멕시코 시장에 미국산 농산물이 넘쳐나게 된 것이지요. 이는 미국 정부가 자국 농민들에게 보조금을 지원해주어 싼 값으로 팔아도 이익이 남도록 도왔기 때문이었습니다. 미국 농산물 가격을 감당할 수 없었던 멕시코 농민들은 하나 둘 파산하기 시작했고, 결국 생계를 위해 국경을 넘어 미국 땅으로 건너가게 되었습니다.

2000년대 들어 중국산 제품이 미국 시장을 휩쓸자 일자리를 잃은 멕시코의 공장 노동자들도 미국으로 이주하는 대열에 동참했습니다. NAFTA 초기에 미국 기업들은 인건비가 저렴한 멕시코에 생산 공장을 짓고 수많은 노동자를 고용해 한동안 멕시코 경제가 활황을 누리기도 했지요. 그러나 중국 기업이 저가 제품을 앞세워 미국 시장을 장악해 나가자 문을 닫는 멕시코 기업이 속출했습니다. 이에 공장에서 일하던 노동자들이 일자리를 잃게 되면서 미국으로 떠나게 되었습니다. 수많은 멕시코인이 미국으로 건너와 과거 자국의 땅이었던 미국 남서부에 정착해 치카노가 되었습니다.

푸에르토리코인의 희망과 좌절

스페인어로 '부유한 항구'라는 뜻을 가진 푸에르토리코는 카리브해에 있는 섬입니다. 1898년 미국이 스페인과의 전쟁에서 승전하기 이전까지는 스페인 식민지였지요. 미국은 스페인-미국전쟁에 이긴 대가로 푸에르토리코를 비롯해 괌, 필리핀, 쿠바 등을 차지했습니다.

1917년 미국 정부가 푸에르토리코 사람들에게도 시민권을 부여하자 이들은 자유로이 미국으로 이주할 수 있는 권리를 갖게 되었습니다. 제2차 세계대전을 계기로 미국이 세계 패권국 지위에 오르고 경제가 호황을 맞이하자 푸에르토리코 사람들은 일자리를 찾아 대거 미국으로 건너와 뉴욕에 자리를 잡았지요. 이들은 주로 레스토랑 종

푸에르토리코 위치

업원이나 주방 보조 일, 가사도우미, 호텔 청소부 등 백인이 꺼리는 일에 종사하며 힘든 삶을 이어가고 있습니다.

　아메리칸드림을 꿈꾸며 미국으로 떠난 사람들도 있었지만 푸에르토리코에 남아 있는 사람도 있었습니다. 이들 역시 진정한 미국인이 되기를 꿈꾸고 있었지요. 푸에르토리코는 자치령에 불과해 온전한 참정권을 행사할 수 없습니다. 미국은 푸에르토리코 사람들에게 소득세를 걷지 않았습니다. 대신 미국 대통령과 연방 상·하원의원을 선출할 수 있는 권리를 주지 않았습니다. 푸에르토리코는 주민선거를 통해 자치 정부를 구성할 수 있지만 외교와 국방은 미국의 뜻에 따라야 합니다. 또 관광 이외에는 경쟁력 있는 분야도 없어 미국 본토에서 건너오는 관광객을 상대로 생계를 해결하며 살아가지요. 소

스페인과의 전쟁으로 차지한 푸에르토리코

득세를 내지 않는다는 이유로 민주 시민으로서 가장 중요한 권리인 참정권을 행사할 수 없다는 현실은 푸에르토리코 사람들의 정체성에 상처를 주었습니다. 그들은 미국의 자치령이 아닌 51번째 주로 편입되기를 원했지만 번번이 좌절을 맛보아야 했습니다.

1960년대 이후 미국의 자치령으로 남을 것인지 아니면 51번째 주가 될 것인지를 두고 주민투표를 네 차례나 실시했는데, 항상 근소한 차이로 자치령을 원하는 사람이 많았습니다. 그러다 이변이 일어났습니다. 2012년 11월 주민투표에서는 예상을 뒤엎고 미국의 51번째 주가 되자는 표가 더 많이 나왔지요. 기성세대와 달리 미국 문화에 길들여진 젊은 세대들은 미국의 정식 주로 승격되기를 바랐기 때문에 생긴 일이었습니다. 하지만 온전한 미국인이 되기를 갈망하는 푸

미국에 비해 열악한 푸에르토리코

에르토리코 사람들의 꿈은 이루어지지 않았습니다. 미국 주로 승격
되려면 연방 상원과 하원의 동의를 얻은 후 미국 대통령의 승인을 얻
어야 하는데, 당시 의회의 다수당을 차지하고 있던 공화당이 이를 반
대했기 때문입니다.

푸에르토리코인의 소득은 미국 본토인의 절반 수준밖에 되지 않았고 소득 양극화 현상도 심해서 주민의 절반 정도가 빈곤층이었습니다. 만약 소득세를 내는 대가로 푸에르토리코를 정식 주로 승격시킬 경우 미국 정부가 거두어들일 수 있는 세금보다 복지비용으로 지출해야 할 돈이 훨씬 많아지므로 연방 의회는 푸에르토리코의 51번째 주 편입에 선뜻 동의하지 않았습니다.

이는 미국 국민도 마찬가지였는데 가난한 섬나라 푸에르토리코를 위해 해마다 200억 달러 이상의 혈세를 낭비하고 싶지 않았습니다. 결국, 미국 정부는 소득세를 내는 사람보다는 연방 보조금을 받는 사람이 많다는 이유를 들어 푸에르토리코의 정식 주 승격을 허용하지 않았습니다. 온전한 미국인으로 거듭나고자 했던 푸에르토리코 사람들의 노력은 허망하게 막을 내렸습니다.

쿠바 보트피플과 남미의 정치 망명자들

미국으로 건너온 라틴아메리카 사람들 모두가 경제적인 이유에서 미국을 선택한 것은 아니었습니다. 독재 정권이 들어서거나 사회주의 혁명이 일어나자 이를 피해 정치적 망명길에 오른 사람도 많았습니다.

1959년 1월 쿠바의 사회주의 혁명으로 바티스타 친미정권이 무너지자, 새로운 지도자 피델 카스트로가 휘두르는 서슬 퍼런 칼날을 피해 수많은 사람이 미국으로 향했습니다. 이때 미국을 선택한 사람들은 주로 미국에서 대학교육까지 받고 바티스타 독재 정권을 도와 부와 권력을 누리던 쿠바의 기득권층이었습니다. 이들은 숙청의 대상으로 전락하자 갖고 있던 재산이라도 지키기 위해 미국으로 망명했습니다. 이때 들어온 사람들은 스페인계 백인이었습니다. 쿠바 사람들은 65% 정도가 스페인계 백인입니다. 25% 정도는 백인과 인디언 혼혈 또는 백인과 흑인 사이에서 태어난 혼혈인입니다. 그리고 10%는 흑인이지요. 높은 수준의 고등교육을 받은 부유층의 백인계 엘리트 쿠바인들은 모국과 지리적으로 가까운 플로리다주 남부에 정착해 새로운 삶을 시작했습니다. 모든 것을 가지고 시작한 쿠바인들은 미국 사회에 쉽게 동화되어 중산층 이상의 삶을 누렸습니다. 이들의 자녀 역시 미국의 명문대학에 진학해 어렵지 않게 주류층으로 편입되었습니다.

그러나 1970년 이후 미국으로 건너온 쿠바인들은 이전의 망명자들과는 달랐습니다. 주로 가난을 참지 못해 작은 보트에 몸을 싣고 무작정 떠난 사람들이었지요. 1959년 사회주의 국가로 거듭난 쿠바는 미국의 강력한 경제제재로 경제난을 벗어나지 못했고, 이 같은 상황이 10년쯤 지속되자 국민들은 더 이상 견디지 못해 조국을 떠난 것입니다.

미국으로서는 '보트피플Boat People*'로 불리는 새로운 형태의 난민이

---

* 망명을 위해 배를 타고 바다를 떠도는 사람들.

쿠바에서 미국으로 건너오는 보트피플

반가운 존재가 아니었습니다. 이들은 이전 난민과 달리 돈도 없고 배우지도 못한 사람들이었습니다. 받아들이면 고스란히 미국인이 부담해야 하는 대상이었지요. 게다가 쿠바 보트피플은 흑인이나 흑인과의 혼혈인이 대부분이었기 때문에 유색인종의 이주를 꺼리는 백인에게는 눈엣가시나 다름없었습니다. 하지만 미국의 쿠바에 대한 경제 제재가 계속되는 동안 쿠바 빈민층의 미국행도 계속 이어졌습니다.

쿠바의 지도자 피델 카스트로는 미국을 괴롭히려고 의도적으로 보트피플을 양산했습니다. 흉악범, 전염병 환자, 정신병자 등 쿠바에서 문제가 되는 사람들을 일부러 바다 건너 미국 플로리다로 보냈습니다. 쿠바와 국교 관계가 없던 미국으로서는 카스트로가 보낸 골칫거

중남미 출신 히스패닉 비율이 높은 플로리다 주

리 난민들을 돌려보낼 방법이 없어 울며 겨자 먹기 식으로 받아들여
야 했습니다.

쿠바인이 플로리다주로 대거 몰려들자 플로리다의 인종 구성에 큰
변화가 일어났습니다. 1950년대에는 인구의 80% 이상이 백인이었지
만 2000년대 이후 크게 낮아져 마이애미 같은 대도시의 경우 비히스
패닉 백인 비율이 10%대에 불과합니다. 백인이 플로리다를 등지게
된 것은 쿠바인이 다수를 차지하면서 영어만 해서는 살 수 없었기 때
문입니다. 쇼핑센터, 식당, 은행을 비롯해 관공서나 학교마저 영어 대
신 스페인어를 사용하자 기존 주민들은 불편을 참지 못해 살던 곳을
떠났습니다.

쿠바계 미국인으로 대선에도 나섰던 마르코 루비오 플로리다주 상원의원

쿠바 이외의 나라에서도 정치적 격변기마다 수많은 정치 난민이 미국으로 몰려들었습니다. 1973년 칠레의 아옌데Allende 정권이 CIA미중앙정보국 공작으로 무너지자 칠레인들이 미국으로 밀려들었습니다. 아옌데 정권은 세계 최초로 선거에 의해 사회주의 국가를 탄생시킨 칠레의 정권입니다. 이후 아우구스토 피노체트Augusto Pinochet가 미국의 전폭적인 지원 속에 정권을 잡았지요. 피노체트 정권은 민주주의를 외치는 국민을 탄압했습니다. 이에 수많은 민주 인사가 칠레를 떠나 미국에 정착했습니다. 이외에도 중남미 각국에 독재 정권이 들어서거나 내전이 발생하는 등 정치적 격변기가 찾아올 때마다 라틴아메리카 사람들은 자유를 찾아 정치 망명자가 되어 미국으로 몰려들었습니다.

흑인과 히스패닉 사이의 갈등

스페인어를 모국어로 사용하는 중남미 출신의 라티노가 계속 늘어나자 라티노의 영향력도 커져만 갔습니다. 1980년 연방정부의 인구조사 때부터 라티노 대신 '히스패닉'이라는 용어를 사용하면서 히스패닉은 스페인어를 사용하는 중남미계의 미국 이주민을 뜻하는 말이되었습니다. 히스패닉 중 가장 많은 비중을 차지하는 민족은 멕시코인이며 이들은 전체 히스패닉의 3분의 2 이상을 차지하고 있습니다. 두 번째로 많은 민족은 푸에르토리코인이고 그 뒤에 쿠바 이민자가자리 잡고 있습니다.

히스패닉은 낙태를 엄격히 금지하는 가톨릭 교리를 따르고 신봉하기에 다른 인종에 비해 출산율이 매우 높습니다. 이는 히스패닉 인구의 폭발적인 증가에 가장 큰 요인이 되었습니다. 2003년, 급기야 히스패닉 인구는 흑인을 추월해 미국 내 최대 소수 인종의 자리를 차지하게 되었지요. 이는 건국 이후 최대 소수 인종의 자리를 한 번도 놓친 적이 없는 흑인들에게 큰 충격이었습니다. 게다가 히스패닉으로인해 허드레 일자리를 두고 경쟁해야 하는 상황이 되자 흑인들은 히스패닉을 경계했습니다. 사실 부와 권력을 쥐고 있는 백인은 흑인 보다는 자신들과 좀 더 비슷한 외모를 가진 히스패닉을 선호했습니다. 이러한 양상은 곧바로 흑인의 일자리 감소로 이어지게 되었지요. 히스패닉이 스스로를 백인으로 여기거나 자신들이 흑인보다 우월하다고 생각해 흑인을 무시하자 마찰이 생겨났습니다.

흑인 역시 자신들이 히스패닉보다 못한 인종이라 생각하지 않습니다. 개척 초기부터 미국 땅에 뿌리내리고 살았으므로 미국의 근간을 만드는 데 이바지했다는 자부심이 있지요. 흑인은 다른 인종에 비해 고등학교 졸업률과 대학진학률이 낮습니다. 그러나 히스패닉보다는 높아 상대적인 우월감도 있습니다. 게다가 오늘날의 유색인종들이 형식적으로나마 백인과 동등한 권리를 갖게 된 것은 1960년대 흑인들이 인권운동가 마틴 루터 킹을 중심으로 목숨 걸고 쟁취한 인권운동의 성과물이라는 점도 흑인에게 자부심을 심어주었습니다.

미국 정부가 불법 히스패닉 이주자에 대해 강경한 자세를 취할 때마다 흑인은 히스패닉 편에 서지 않았습니다. 노예로 끌려온 자신들과 달리 불법을 저지르며 자발적으로 들어온 히스패닉은 흑인에게 결코 동정의 대상이 아니었습니다. 흑인은 오히려 미국 사회가 히스패닉 때문에 흑인 인권 문제에 소홀해질 것을 우려했습니다.

하지만 히스패닉 인구가 급증하면서 그들의 영향력은 흑인을 압도했습니다. 상당수의 흑인이 정치에 무관심해 선거권 행사를 등한시하는 반면 투표율이 높은 히스패닉은 특정 후보에게 표를 몰아주는 경향이 있습니다. 따라서 히스패닉은 백인이 주류를 이루는 정치권에서도 함부로 대할 수 없는 존재로 성장했습니다. 미국의 정치 일번지인 워싱턴에 진출하려는 정치 지망생들은 저마다 히스패닉의 표를 잡기 위해 공약을 내지만 정치참여율이 낮은 흑인에게는 별다른 신경을 쓰지 않습니다.

단결력이 강한 히스패닉은 범죄 세계에서도 흑인을 압도하기 시작했습니다. 그동안 마약 시장은 흑인의 전유물이나 다름없었는데, 2000년대 이후 히스패닉 갱단의 힘이 막강해지면서 흑인 갱단과 각지에서 충돌이 벌어졌습니다. 캘리포니아주를 비롯해 대도시 곳곳에서 히스패닉과 흑인 갱단 사이에 전쟁이 벌어지는 바람에 수많은 사상자가 속출했습니다. 히스패닉 갱단이 흑인 갱단에 비해 훨씬 잔혹해 웬만한 도시의 뒷골목은 이들의 차지가 되었지요. 이는 범죄 세계에서도 흑인의 시대가 저물고 히스패닉의 시대가 열렸음을 의미합니다.

지머먼 사건

2012년 2월 26일 밤, 플로리다주 중동부의 도시 샌퍼드의 한 편의점에서 17세의 흑인 소년 트레이본 마틴Trayvon Martin이 사탕과 음료수 한 병을 샀습니다. 밖을 보니 비가 내려, 우산이 없던 마틴은 후드 티셔츠에 달린 모자를 뒤집어쓰고 집으로 향했습니다. 마틴이 거리를 걷고 있을 때 히스패닉계 백인 자율방범대원 조지 지머먼George Zimmerman이 차를 타고 그의 뒤를 쫓기 시작했습니다. 모자를 뒤집어쓴 마틴이 범죄자로 보였기 때문입니다. 경찰은 신변의 안전을 염려해 지머먼에게 더는 쫓지 말라고 명령했으나 그는 상부의 말을 따르지 않았습니다.

어릴 적부터 경찰이 되는 것이 소원이었던 지머먼은 경찰 공개채

용시험에 합격하지 못해 정식
경찰이 될 수 없었습니다. 그래
서 자율방범대원 활동을 통해
큰 공을 세워 특채로 경찰관이
되고자 했지요. 자신의 꿈을 이
루기 위해 그는 반드시 공을
세워야 한다고 스스로를 합리
화했습니다.

17세의 흑인 청소년을 쏘아 죽인 조지 지머먼

　이윽고 지머먼은 차에서 내
려 마틴을 뒤따라갔습니다. 이에 두려움을 느끼기 시작한 마틴은 여
자 친구에게 전화를 걸어 수상한 사람이 따라온다며 자신이 위기에
처해 있음을 알렸습니다. 발걸음을 재촉하던 마틴은 "왜 나를 자꾸
따라오느냐?"라고 거칠게 따져 물었습니다. 곧이어 어느 쪽에서 시작

했는지 불분명한 싸움이 일어
났고 지머먼이 총을 발사해 마
틴은 현장에서 즉사했습니다.

　이 사건이 언론을 통해 미국
전역에 알려지면서 흑인 사회
가 발칵 뒤집혔습니다. 마틴은
고등학교 모범생이었을 뿐 아
니라 전과도 없었고 피살 당시
아무런 무기도 갖고 있지 않

범죄자로 몰려 사살당한 트레이본 마틴

았습니다. 이번 사건은 명백한 과잉방위로서 지머먼은 애꿎은 사람을 죽인 살인자였습니다. 그러나 경찰은 44일 동안 지머먼을 체포조차 하지 않아 더욱 흑인의 분노를 자극했습니다. 미국 전역에서 흑인들이 "정의가 없으면 평화도 없다 No justice No peace."라고 외치며 시위를 벌였습니다. 사태가 악화되는 것을 막기 위해 버락 오바마 대통령은 플로리다주 검찰에 하루빨리 지머먼을 기소할 것을 촉구했습니다. 사건이 발생한 지 1년 여 만인 2013년 4월, 플로리다주 검찰은 지머먼을 2급 살인죄로 재판정에 세웠습니다. 2급 살인죄란 살인의 고의는 없지만 싸움이 살인의 원인이 되었을 때 적용되는 죄목입니다.

플로리다주 검찰은 여론에 떠밀려 지머먼을 기소했지만 처벌은 불

지머먼 사건에 분개해 거리로 나선 흑인들

가능한 상황이었습니다. 플로리다주 법이 '도망갈 수 있는 상황이라 해도 생명의 위협을 느낄 경우 얼마든지 총기를 사용할 수 있다.'라고 규정하고 있기 때문이었습니다. 만약 검찰이 지머먼을 처벌하려면 당시 그가 생명의 위협을 느끼지 않았다는 사실과 악의를 가지고 마틴을 죽였다는 것을 객관적인 증거로 입증해야 했습니다. 사건 현장에는 아무런 증거도 남아 있지 않았고 목격자도 없었습니다. 오히려 지머먼의 뒤통수와 코에 선명한 상처와 핏자국이 남아 있어 그에게 절대적으로 유리했습니다. 더구나 여섯 명으로 구성된 배심원단이 백인 5명과 히스패닉 1명으로 구성되어 재판은 시작부터 논란을 불러일으켰습니다.

살인 사건이 발생한 샌퍼드 지역은 흑인이 전체 인구의 30% 이상을 차지하고 있었기 때문에 당연히 흑인 배심원이 나오리라 예상했으나 현실은 기대와 달랐습니다. 재판정에 선 지머먼은 "사건 당일 마틴이 나를 거칠게 공격해 생명을 지키려고 정당방위 차원에서 총을 발사했다. 마틴이 먼저 내 얼굴을 때리고 바닥에 넘어뜨린 뒤 수차례 머리를 때렸다."라고 주장했습니다. 그러나 지머먼보다 몸집이 작은 마틴이 일방적으로 폭행을 가했다는 말은 액면 그대로 믿기가 어려웠습니다. 재판은 수백만 명의 국민이 지켜보는 가운데 생중계로 진행되었지만, 검찰 측은 지머먼의 범행을 입증할 어떤 증거도 제시하지 못했지요. 결국, 배심원단 전원이 무죄평결을 내리자 지머먼은 유유히 재판정을 빠져나갔습니다. 지머먼이 무죄로 풀려나자 그동안 수면 아래 있던 흑인들의 히스패닉에 대한 분노가 일거에 폭발했습니다. 미국 전역 100여 개의 도시에서 흑인들의 거센 시위가 일어났습니다. 캘리포니아주에서는 거리에서 불을 지르고 경찰차를 공격하는 등 폭력 시위가 발생했습니다.

지머먼은 무죄로 풀려난 후 마틴을 죽일 때 사용한 총을 인터넷 경매 사이트에 올려 물의를 빚었습니다. 그가 '마틴의 야만적인 공격을 막고 나의 생명을 지켜주었던 총'이라는 거창한 설명을 붙여 경매 사이트에 내놓자 감옥에 있어야 할 살인마가 무기 장사꾼이 되어 활개를 치고 있다는 비난이 쏟아졌습니다. 이에 지머먼은 "미국은 자유주의 국가이고 나에게는 내 소유물을 마음대로 처분할 수 있는 권리가 있다."라며 맞받아쳤습니다.

목숨을 걸고 건너는 리오그란데강

미국 내 히스패닉의 60% 이상은 멕시코 출신입니다. 따라서 멕시코 사람들의 미국행은 빈번합니다. 하지만 정식으로 비자를 얻어 미국에 들어가기란 하늘의 별 따기이지요. 고학력자에 재산도 많은 멕시코인에게만 미국이 입국 비자를 발급하기 때문입니다. 다만 국경 도시에 살고 직업도 확실한 멕시코인에게는 통행증을 발급하여 국경 근처 도시 여행을 허용합니다. 이는 멕시코 관광객을 유치해 지역 경제를 활성화하려는 조치입니다.

미국은 가난한 멕시코 사람들에게는 국경을 열지 않습니다. 따라서 가난한 멕시코인과 중남미 사람들은 불법 입국을 선택할 수밖에 없습니다. 해마다 100만 명 이상의 라틴아메리카 사람들이 다양한 방법으로 불법 입국을 시도합니다. 두 나라의 국경 지역에는 밀입국을 전문으로 하는 수많은 범죄 조직이 활개를 칩니다. 여기에는 매년 수십억 달러에 달하는 막대한 이권이 걸려있어 멕시코 범죄 조직들은 각축전을 벌입니다. 밀입국 비용은 최소 2천 달러에서 많게는 1만 달러에 이르는데, 가격이 비쌀수록 편안하고 안전하게 미국으로 갈 수 있습니다.

미국으로 가는 첫째 방법은 리오그란데강을 건너는 것입니다. 조그만 무동력 고무보트에 몸을 실은 불법 입국자들은 구명조끼도 걸치지 않은 채 달빛도 보이지 않는 칠흑 같은 밤을 타 리오그란데강을 건넙니다. 무동력 고무보트는 물결이 거셀 때 잘 뒤집혀 이럴 땐 곧

리오그란데강
미국-멕시코 국경

미국

멕시코

3,145km에 달하는
미국-멕시코 국경

바로 참사로 이어집니다. 수영을 못하는 사람은 빠른 물살을 헤치고 나올 수 없기에 익사할 수밖에 없고 혜엄을 칠 줄 알더라도 강에 사는 식인 악어에게 잡아먹히는 일이 다반사입니다.

둘째 방법은 산을 통해 미국으로 들어가는 것입니다. 이 방법은 미국과 연결된 하수구로 밀입국하는 것입니다. 미국 국경 수비대가 하수도 곳곳에서 밀입국자를 기다리고 있어 성공 확률은 낮지만, 수비대원이 화장실에 간 틈을 타서 하수구 밖으로 나와 운 좋게 성공하는 경우도 간혹 있습니다.

셋째 방법은 드넓은 애리조나 사막을 걸어서 건너는 것입니다. 애리조나 사막은 독사와 독충이 득실거리고 120km를 걸어야 겨우 마을을 발견할 수 있을 정도로 황량함 그 자체입니다. 마을에 이르기까지 햇볕을 피할 그늘도 없고 물도 없어 수많은 사람이 중간에 탈수증

위험천만한 리오그란데강

과 일사병으로 목숨을 잃습니다. 국경 수비대원이 순찰 중에 시신을 발견하면 지문을 채취하고 사진을 찍은 후 장례 절차도 없이 인근의 공동묘지에 매장합니다. 애리조나 사막에는 그동안 사막을 건너다 죽은 사람들의 묘비 없는 무덤이 수없이 많습니다.

2001년 9·11테러 이전까지만 하더라도 밀입국을 시도하다 국경 수비대에 적발되면 추방되는 정도로 끝났지만, 이후로는 분위기가 살벌해졌습니다. 테러 사건 이후 미국은 국가안보를 위해 밀입국자의 열 손가락 지문을 채취했습니다. 밀입국을 반복하는 사람은 재판에 넘겨 처벌하는 법안도 마련되었습니다. 미국 정부에 신분이 노출된 불법 이민자들은 손가락을 불에 지지거나 화학 약품을 이용해 지문을 태우는 극단적인 방법을 선택했습니다. 그나마 경제적 사정이 나은 사람은 2,000달러 정도의 돈을 들여 발가락 피부를 손가락에

애리조나 사막을 지키는 미국 국경 수비대

이식하기도 하는 등 비극적인 일들이 일어났지요.

2012년, 불법 이민자에 대해 역대 어느 정권보다 관대했던 오바마 대통령이 '미성년 불법 이민자에 대한 추방유예 정책'을 추진하자 문제가 생겨나기 시작했습니다. 이전까지 미국은 나이에 상관없이 불법 입국자를 모두 추방했지만, 오바마 대통령은 정상을 참작할 만한 사유가 있으면 미성년자를 강제 추방하지 않고 정부 차원에서 일정 기간 돌보기로 했습니다. 이에 라틴아메리카의 수없이 많은 가난한 부모들이 아이를 홀로 사막으로 보내는 위험천만한 시도를 했습니다. 여기에는 자식이 미국 시민권을 얻으면 본인들도 미국 땅에 갈 수 있다는 계산도 있었습니다. 오바마 대통령의 새로운 정책이 시

목숨을 걸고 국경을 넘던
히스패닉 미성년자

행되기 이전만 하더라도 연간 3,000명 선에 불과하던 미성년자 불법 입국은 2014년 9만 명으로 30배 이상 늘어났습니다. 이에 비례해 사막을 건너다 죽는 아이들도 증가했습니다. 낮 기온이 40~50℃에 이르는 사막을 아이들이 걸어가기에는 무리가 있습니다. 설령 밀입국에 성공하더라도 노동력 착취나 성적 학대의 대상으로 전락하는 경우도 빈번했습니다.

인종 간 서로 다른 입장들

지리상의 발견* 이전까지만 하더라도 피부색은 사람을 나누는 주된 기준이 아니었습니다. 15세기 이후 유럽인이 아프리카, 아시아, 남아메리카 등 미지의 땅에 발을 내디디면서 인종차별이 시작되었습니다. 유럽인은 인간의 우열을 가르는 기준으로 피부색을 활용했으며, 피부색에 따라 사람을 백인, 동양인, 흑인 등으로 구분했습니다. 유럽인이 개척한 미국 역시 인종차별을 그대로 답습했습니다. 오히려 유럽에 비해 백인 외의 인종에 대한 차별이 더 심했습니다. 흑인을 노예로 만들고 인디언의 땅을 빼앗는 등 미국을 개척한 백인들이 수많은 악행을 저지르면서도 양심의 가책을 느끼지 않았던 것은 우월한 인종이라는 자만심이 있었기 때문입니다.

오늘날 미국은 전 세계 수많은 민족이 모여 사는 인종 집합소가 되

---

* 15세기부터 17세기까지 유럽인들이 이룬 신항로 개척이나 신대륙 발견을 이르는 말.

었지만, 일부 백인은 여전히 미국의 주인은 자신들이라고 생각합니다. 영국과의 피비린내 나는 독립전쟁을 치른 것도 백인이고 인디언과 싸우며 서부를 개척한 것도 백인이기 때문이지요. 백인을 제외한 인종들이란 백인의 희생 아래 만들어진 미국 땅에서 이익만을 누리는 이방인에 불과하다고 생각합니다. 하지만 흑인들은 달리 생각하지요. 남부 지역이 성장할 수 있었던 것은 뙤약볕이 내리쬐는 목화밭에서 흑인 노예들이 강제 노동을 했기 때문이라고 주장합니다. 히스패닉 역시 자신들도 미국의 발전에 적지 않은 공로가 있다고 생각합니다. 그들은 저임금을 받고도 백인이 꺼리는 지저분하고 위험한 일을 하는 자신들 덕분에 미국 경제가 굴러간다고 주장합니다.

실제로 히스패닉이 사라지면 캘리포니아의 끝도 없이 광활한 오렌지 농장에서 오렌지를 딸 사람이 없어지고 뉴욕의 레스토랑에서 기름진 식기를 닦을 사람도 없어집니다. 흑인이나 히스패닉 등 미국을 이루는 모든 유색인종이 각자 사회에 이바지하고 있지만, 백인들은 좀처럼 인정하지 않습니다.

인구학자들은 2043년이 되면 미국에서 백인이 차지하는 비중이 건국 이후 최초로 50% 이하로 떨어지리라 예견했습니다. 그리고 2050년이 되면 히스패닉의 인구 비중이 30%를 넘어서면서 백인의 지위를 크게 위협하리라는 보고서가 쏟아져 나왔습니다. 이에 백인들은 이를 막기 위한 조치를 취하기 시작했습니다.

하얀 미국 만들기

2016년 치러진 제45대 미국 대통령 선거는 이전 선거와 사뭇 달랐습니다. 일반적으로 유권자들은 대통령 후보에게 성직자 수준의 도덕성과 고상한 인품을 요구하고 후보들은 이에 부합하기 위해 노력합니다. 대통령 후보는 말 한마디를 하더라도 조심스럽게 가려서 하며 어떤 경우에도 인종 차별적인 말을 꺼내지 않는 것이 관례입니다. 특히 미국 인구의 17%를 차지하고 결속력이 강한 히스패닉에 대해 부정적으로 평가하는 것은 절대 금기 사항입니다.

공화당의 대선 예비 후보로 나왔던 조지 W. 부시 대통령의 친동생 젭 부시Jeb Bush는 히스패닉의 지지를 얻기 위해 애썼습니다. 원래 부시 집안은 영국의 명문가 출신이었지만 젭 부시는 스스로 히스패닉이라 부르면서 히스패닉 유권자를 사로잡으려고 했습니다. 또 자신의 아내가 히스패닉이라는 사실도 선거에 적극적으로 활용했습니다. 대선 후보 출정식도 히스패닉이 다수를 차지하는 플로리다주에서 거행하고 출마 선언도 영어와 스페인어 두 가지를 사용했습니다.

모든 정치인이 히스패닉의 표를 잡기 위해 혈안이 되어 있었지만 도널드 트럼프 후보는 달랐습니다. 그는 백인이 히스패닉에게 느끼는 위기감을 잘 알고 이를 선거에 활용했습니다.

흑인과 달리 히스패닉은 그들만의 전통문화를 고수합니다. 개신교의 나라 미국에서 가톨릭을 고집하며 가정을 비롯한 자신들만의 공간에서는 공용어인 영어 대신 스페인어를 사용합니다. 이들은 어디

히스패닉의 표를 잡기 위해 노력했던 젭 부시

를 가나 한 곳에 모여 살기 때문에 다른 민족과 교류가 상대적으로 적습니다. 흑인은 그렇지 않지요. 영어를 모국어로 사용하고 개신교를 믿으며 미국을 조국이라고 생각합니다. 미국에서 태어난 흑인 중에 아프리카 언어를 사용하거나 아프리카 토속신앙을 믿는 사람은 찾기 힘들지요. 하지만 미국 속의 라틴아메리카라 할 수 있는 히스패닉 밀집 지구 주민 중 상당수는 영어를 전혀 하지 못합니다. 전통적으로 미국은 자국 내 모든 민족이 미국식 문화에 녹아드는 '용광로 정책'을 펼쳐 왔는데, 히스패닉은 이를 따르지 않아 기득권 세력인 백인에게 미운털이 박혔습니다.

최근에는 히스패닉이 백인 밀집 지역까지 진출해 그들로부터 더욱 경계의 눈초리를 받고 있습니다. 경제적으로 부유한 백인들은 도심보다는 한적한 교외로 나가 잔디와 수영장이 딸린 집에서 살고 있습

2016년 대선유세 당시 히스패닉에 적대감을 드러낸 도널드 트럼프

니다. 이에 히스패닉은 백인을 상대로 돈을 벌기 위해 교외로 몰려들었고 이는 백인에게 강한 거부감을 주었습니다. 범죄율이 높은 히스패닉이 주변에 산다는 것은 백인에게 전혀 반갑지 않은 일이었지요. 이 같은 백인의 사정을 잘 알고 있던 트럼프는 선거 유세 기간 내내 히스패닉을 향해 비난의 화살을 날렸습니다.

트럼프는 "멕시코가 범죄자들을 미국으로 보내고 있다. 그들은 성폭행범이고, 마약과 범죄를 미국으로 가져오고 있다."라고 주장하며 히스패닉을 비하했습니다. 이에 대통령을 꿈꾸던 정치인들과 언론은 그를 인종차별주의자라며 비난했지만 적지 않은 백인들은 그와 뜻을 함께했습니다.

사실 수많은 백인들은 히스패닉이 사라지기를 원했지만 인종차별주의자라는 불명예가 두려워 속마음을 드러내지 못하고 있었습니다.

그런데 트럼프가 자신들의 바람을 속 시원하게 이야기하자, 해방감을 느낀 백인들은 그에게 지지를 보낼 수밖에 없었습니다. 트럼프 역시 아직 백인이 미국 인구의 3분의 2를 차지하기 때문에 백인우월주의 사상을 가진 유권자를 선거장으로 끌어내기만 하면 대선에서 승리할 수 있으리라 계산했습니다. 히스패닉과 경쟁 관계에 있던 흑인도 투표장에 들어가면 자신을 찍을 것으로 생각했습니다.

트럼프는 자신이 대통령에 당선될 경우 불법 이민자를 추방하고 미국과 멕시코 사이에 거대한 장벽을 건설해 더는 불법 이민자가 미국에 발을 붙이지 못하도록 하겠다는 공약을 내세웠습니다. 즉, 히스패닉의 이주를 막아 미국을 백인 중심의 나라로 만들겠다는 것이 트럼프의 핵심공약이었습니다. '미국을 다시 하얗게'로 상징되는 트럼프의 반反히스패닉 정책은 백인에게 먹혀들어 그가 대선에서 승리하는 데 큰 몫을 했습니다.

미국판 만리장성

2016년 대선에서 트럼프는 백인들의 압도적인 지지를 받고 대통령에 당선되었습니다. 5,600만 명에 이르던 히스패닉 대부분이 트럼프의 경쟁자였던 민주당의 힐러리 클린턴에게 표를 던졌지만 역부족이었지요. 2017년 1월 대통령에 취임한 트럼프는 곧장 백악관 홈페이지의 스페인어 서비스를 중단했습니다.

해변까지 철저히 막는 분리장벽

또 자신의 공약사항인, 국경 전체를 아우르는 보안장벽을 만드는 일에 착수했습니다. 이전부터 미국은 밀입국자가 많이 오가는 국경 지역을 중심으로 1,049km의 보안장벽을 가지고 있었습니다. 트럼프는 3,144km에 이르는 국경 전체에 보안장벽을 만들겠다고 나섰습니다. 그는 자신이 만드는 장벽의 이름을 만리장성의 영어식 표현인 '그레이트 월The Great Wall'이라 부르며 국경 보안장벽이 '미국판 만리장성'이 될 것이라 말했습니다. 기존 보안장벽은 나무로 얼기설기 만들어졌고 그다지 높지도 않아 마음만 먹으면 얼마든지 넘을 수 있었지만, 트럼프의 보안장벽은 높이가 10~12m나 되고 튼튼한 콘크리트로 만들어져 웬만해서는 넘을 수 없습니다. 게다가 국경 수비대 요원을 대폭 늘려서 보다 엄격하게 밀입국을 단속하도록 조치하고 국경 지역에 감시 카메라와 밀입국자를 감지하는 각종 센서, 무인항공기 등을 배치했습니다. 이는 미국의 첨단 기술을 총동원해서까지 히스 패닉의 밀입국을 막으려는 의지를 천명한 것입니다.

미국은 북쪽으로는 캐나다, 남쪽으로는 멕시코와 국경을 맞대고 있는데 캐나다와의 국경은 경비가 느슨해 마음만 먹으면 얼마든지 넘나들 수 있습니다. 반면 트럼프 집권 이전부터도 멕시코인 모두는 멕시코와의 국경 검문소에서 예비 범죄자 취급을 받았습니다. 미국 대사관으로부터 입국 비자를 받고 국경을 넘는 사람들조차도 지나칠 정도로 엄격한 입국 심사를 받아야 했습니다. 철저한 신체검사는 물론 자동차 밑바닥까지 샅샅이 뒤져 마약이나 불법 입국자를 숨겨 미국에 들어가는 건 아닌지 조사받았지요. 멕시코 사람들이 미국에 들어가려면 평균 2~3시간 동안 입국 심사를 받아야 하지만 미국인이 멕시코로 들어갈 때는 간단한 여권 검사만 받으면 됩니다. 이처럼 트럼프 이전부터 홀대받아 온 멕시코 사람들은 거대한 콘크리트 보안 장벽마저 만들어지자 분을 참지 못해 격렬한 시위를 벌이기도 했습니다.

수많은 미국 국민은 트럼프를 향해 '세계 최고의 자유민주주의 국가인 미국을 국수주의에 빠진 2류 국가로 전락시킨 지도자'라고 주장하며 보안장벽 건설 철회를 강력히 요구했지만 소용이 없었습니다. 사려 깊은 미국인들은 미국이 보안장벽을 만들어 스스로 고립시킬 것이 아니라 관용적이고 개방적인 정책을 유지해야 현재의 번영을 계속 누릴 수 있다고 말합니다. 그러나 이들의 목소리는 정책에 제대로 반영되지 않고 있습니다.

멈출 수 없는 미국행

미국이 멕시코를 함부로 대하는 데에는 경제적인 이유가 큽니다. 멕시코는 미국에 예속되어 있습니다. 수출품의 80% 이상은 미국으로 팔려 나갑니다. 덕분에 미국을 상대로 연간 수백억 달러의 막대한 무역흑자를 올리고 있지요. 미국에 사는 멕시코 사람들이 고국의 가족에게 송금하는 돈도 수백억 달러에 이릅니다. 가족 중 하나가 미국에서 고된 일을 해서 보내오는 돈으로 생활하는 멕시코인들이 많은 것이 현실입니다.

미국은 멕시코에서 건너온 이민자들로 인해 경제적 손실을 보고 있습니다. 우선 미국내에서 자국민이 일자리를 잃게 됩니다. 무역적자와 송금으로 막대한 달러가 빠져나갑니다. 특히 NAFTA 체결 이후 양국 간의 관세장벽이 사라지면서 미국 경제는 적지 않은 손실을 보았습니다. 기업들이 인건비가 저렴한 멕시코로 생산 공장을 이전하자 일자리가 멕시코로 넘어갔습니다. 미국의 실업률은 증가했고 도시는 소비 도시가 되고 말았습니다.

트럼프 행정부는 집권하자마자 멕시코에 생산 공장을 두고 있는 미국 기업과 외국기업에 미국으로 이전하라고 압박을 가했습니다.

공장을 옮겨 미국 내에 일자리를 만들 경우 세금감면을 비롯한 다양한 혜택을 주겠지만, 만약 멕시코 생산을 고집한다면 고율의 국경세를 매겨 미국 시장에서 가격경쟁력을 상실하도록 만들겠다고 협박했습니다. 이에 GM 제너럴모터스과 포드자동차는 공장을 멕시코로 이전하려던 계획을 접고 미국에 두기로 했습니다.

트럼프는 미국 기업 이외의 외국 기업에도 미국 국내 생산을 강요해 적지 않은 성과를 올렸습니다. 대상국가는 일본, 독일, 한국 등 미국 시장에서 돈을 많이 버는 나라들이었습니다. 미국이 일련의 경제 정책을 일방적으로 밀어붙이자 멕시코도 미국산 농산물을 수입하지 않겠다고 발표하며 맞대응을 했지만 미국에 현실적인 위협이 되지는 못했습니다.

트럼프는 불법 이민자에 대한 정책도 강화했습니다. 그가 집권하기 전에는 불법 이민자라 하더라도 미국 내에서 중범죄를 저지르지 않은 이상 추방할 수 없었지요. 그러나 트럼프는 사소한 범죄를 저지르더라도 전과자로 몰아 추방할 수 있도록 법을 바꾸었습니다. 이에 1,200만 명이 넘는 불법 이민자들은 언제 추방될지 몰라 두려워했습니다. 미국에 불법체류 중인 자국민에게 멕시코 측은 행여 이민국의 단속에 걸리더라도 순순히 추방당하지 말고 미국 정부를 상대로 소송을 제기하라고 권유했습니다. 미국 전역에 있는 멕시코 영사관에 불법 체류자의 소송을 도우라는 지시를 내리기도 했지요. 단속에 걸린 불법 체류자마다 소송을 제기하면 법원과 정부가 업무량 폭증으

미국에서 추방되는 불법 체류자

로 제 기능을 상실할 수도 있다고 생각한 것입니다.

미국이 아무리 보안장벽을 높이 쌓고 불법 이민자에 대한 단속을 강화하더라도 라틴아메리카와 미국의 소득 격차가 사라지기 전까지는 히스패닉이 미국으로 몰려올 수밖에 없습니다. 미국의 농장주나 기업인이 이윤을 극대화하기 위해 저임금의 히스패닉을 고용하기 때문입니다. 더구나 힘들고 더러운 일은 백인이 하지 않기 때문에 히스패닉을 고용할 수밖에 없습니다. 중남미에 있는 히스패닉 역시 일자리가 부족한 모국에서는 생계유지가 되지 않아서 먹고살기 위해 미국행을 선택할 수밖에 없는 상황입니다.

현재 미국에서는 백인이 주도권을 행사하고 있어 히스패닉이 수모를 당하고 있지만 장기적으로 볼 때는 오히려 히스패닉의 승리가 예상됩니다. 산아제한을 하지 않는 히스패닉의 특성상 언젠가는 그들이 백인을 뛰어넘는 최대 인종으로 등극할 것이 분명하기 때문입니다.

2014년 공립학교에서 백인 학생이 차지하는 비중이 미국 역사상 최초로 50% 이하로 떨어졌습니다. 이는 히스패닉 학생이 25% 이상으로 크게 늘면서 생겨난 인종의 구성 변화입니다. 지금도 캘리포니아주의 최대 인종은 히스패닉이며 새로 태어나는 아기의 70% 이상이 히스패닉입니다. 이 아이들이 자라나 참정권을 얻게 되면 지역 정치인들이 표를 의식해 자신들을 함부로 대할 수 없을 것으로 캘리포니아의 히스패닉은 기대합니다.

만약 미국 전역에서 캘리포니아와 비슷한 일이 일어난다면 대통령이나 의회도 히스패닉을 함부로 대할 수 없게 될 것입니다. 이에 히스패닉은 자신들이 백인과의 경쟁에서 최후의 승자가 되리라 확신합니다. 그들이 백인을 이길 수 있는 가장 강력한 무기는 바로 백인보다 높은 출산율이라 할 수 있습니다.

★

코카콜라를 당황시킨
멕시칸의 입맛

미국 내 히스패닉 중 멕시칸이 가장 높은 비율을 차지한다. 두 나라가 인접해 있기 때문이다. 멕시칸은 일자리를 찾아 미국으로 이주했지만 어릴 적 입맛은 쉽게 바뀌지 않았다. 그들은 옥수수로 만든 빈대떡 모양의 토르티야Tortilla를 주식으로 한다.

멕시코에는 신이 인간을 옥수수로 만들었다는 전설이 있을 만큼 멕시칸과 옥수수는 뗄 수 없는 관계이다. 토르티야 위에 소고기나 돼지고기 같은 육류와 각종 야채를 얹은 후 매콤달콤한 소스를 뿌린 음식을 '타코'라 한다. 멕시칸이 있는 곳이라면 어디를 가나 타코를 맛볼 수 있다. 타코는 멕시칸의 전통 음식이지만 맛이 좋아 오늘날에는 인종에 상관없이 즐긴다.

멕시칸이 미국 땅에서 고집하는 또 따른 음식은 바로 멕시코산 코카콜라이다. 1920년 미국의 코카콜라는 멕시코에 처음으로 해외 공장을 세우고 현지 생산을 시작했다. 오래전부터 멕시코에서는 수돗물이 깨끗하지 않아 주민들이 비싼 생수를 사 먹어야 했는데 콜라값이 생수보다 싸다 보니 콜라의 소비량이 늘어났다. 코카콜라는 콜라의 맛을 유지하기 위해 정수한 물을 사용하는데 이 점이 멕시코인의 마음을 사로잡았다. 코카콜라는 멕시코 탄산음료 시장의 3분의 2 이상을 점유하면서 절대적인 인기를 누리고 있지만 멕시칸의 비만율을 높이는 데 한몫했다. 멕시코인 1인당 콜라 소비량은 세계 1위로 종주국 미국을 앞서며, 비만 비율도 미국과 1위를 다투고 있다.

어릴 적부터 콜라를 물처럼 마셔 온 멕시코 사람들은 미국으로 이주해서도 콜라를 즐겨 마신다. 이들은 멕시코산 코카콜라가 미국산 콜라보다 맛있다고 주장한다. 세계 모든 나라에 진출해 있는 코카콜라는 품질을 일정하게 유지하기 위해 노력하지만 현지사정에 따라 맛이 미세하게 달라진다. 이를테면 단맛을 내는 재료만 하더라도 지역마다 조금씩 다르다. 날씨가 더운 멕시코에서는 사탕수수에서 추출한 설탕을 사용하고 날씨가 추워 사탕수수를 재배할 수 없는 유럽에서는 대신 사탕무를 활용한다.

미국 코카콜라는 오랜 기간 사탕수수 설탕을 사용하다가 1980년대 이후 원가절감을 위해 옥수수 시럽으로 바꿨다. 콜라를 담는 용기도 병에서 캔이나 플라스틱으로 바꿨다. 미국에 있는 멕시칸은 사탕수수 설탕과 옥수수 시럽 간에 맛 차이가 크다고 주장하며 멕시코산 콜라를 고집한다. 그들은 "미국산 콜라는 마신 후 입안에 단맛이 남아 뒤끝이 좋지 않지만 멕시코 콜라는 뒤끝이 깔끔하다. 또 병에 담겨 있어 탄산이 잘 보존되므로 코카콜라 고유의 톡 쏘는 맛이 강하다."라고 말한다.

멕시코산 콜라는 미국산보다 꽤 비싸지만 가격에 상관없이 멕시칸에게 잘 팔린다. 멕시코산 콜라가 멕시코를 비롯한 중남미 이주민에게 큰 인기를 끌어도 미국 애틀랜타에 있는 코카콜라 본사에서는 멕시코산 콜라를 정식으로 수입할 수 없다. 한 나라에서 품질이 다른 두 가지 콜라를 파는 것은 세계 어디에서나 같은 맛을 추구한다는 회사의 정책과 맞지 않기 때문이다. 또 멕시코산 콜라가 대량으로 수입될 경우 미국 공장의 일자리가 줄어들며 그동안 미국산 콜라를 취급해 온 수많은 유통업자가 큰 타격을 받는다. 이에 코카콜라 본사는 "사탕수수 설탕을 사용한 멕시코산과 옥수수 시럽을 사용한 미국산의 맛 차이를 느낄 수 있는 사람은 거의 없다."라고 발표해 멕시코산 콜라의 확산을 막고자 했다.

회사의 노력에도 불구하고 멕시코산 콜라가 돈벌이가 되자 코스트코 같은 대형 유통업체들도 멕시코산 콜라를 수입해 매장에서 팔고 있다. 어릴 적부터 물 대신 콜라를 마시고 자란 멕시칸의 혀끝은 어떤 나라의 소비자보다 민감해 가격이 비싸더라도 멕시코산 콜라를 고집하며 코카콜라 본사를 당혹스럽게 하고 있다.

6장

미국을 배후에서 지배하는

유대인

강대국에 둘러싸인 고난의 민족

유대인의 4,000년 역사는 한마디로 고난의 세월이었습니다. 아브라함이 유대 민족의 시조로 성경에 등장한 이후 이들은 하루도 바람 잘 날 없을 정도로 끊임없이 외세의 침략을 겪었지요. 오늘날의 팔레스타인 지역을 기반으로 생활한 유대민족은 힘이 있을 때는 그나마 외세를 물리칠 수 있었으나 힘이 부칠 때는 여지없이 도성을 함락당

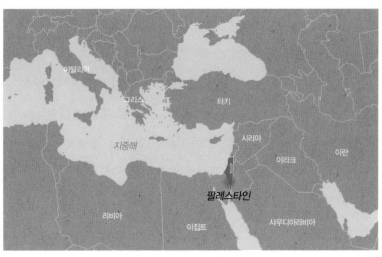

아프리카 북동부와 서아시아 사이에 위치한 팔레스타인 지역

해 처참한 지경에 이르렀습니다.

유대민족은 4백여 년간 이집트에서 노예 생활을 하는 등 온갖 고초를 겪었지만 강한 생명력을 발휘하면서 기원전 1020년에는 독립 국가 이스라엘을 세우는 저력을 보여주었습니다. 이후 제2대 왕 다윗과 제3대 왕 솔로몬으로 이어지는 성군의 치세 속에 한동안 강력한 국가를 이루며 전성기를 누렸습니다. 그러나 솔로몬이 세상을 떠난 후 국력이 약해지기 시작했지요. 결국 기원전 6세기, 대제국 바빌론의 침략으로 도성인 예루살렘이 함락당하는 수모를 겪었습니다. 침략자들은 유대민족이 이룩한 문명을 파괴하는 데 앞장서 도시를 모두 폐허로 만들었습니다. 불행은 이것으로 끝나지 않아 걸을 수 있는 모든 유대인이 포로가 되어 바빌론으로 끌려갔습니다. 그들은 반세기 동안 바빌론에서 온갖 고초를 당한 후에야 고향인 팔레스타인 지역으로 돌아올 수 있었습니다. 하지만 이후에도 끊임없이 외세의 침략 속에 살아야 했습니다.

기원전 1세기 무렵 로마 제국이 팔레스타인 지역을 차지하면서 유대민족은 이전과는 비교할 수 없을 정도로 큰 고통을 겪었습니다. 오늘날의 이탈리아에서 시작된 로마 제국은 유례를 찾기 힘들 만큼 강력한 국가였기 때문에 독립을 원하는 유대민족과 격렬한 마찰을 빚었습니다.

디아스포라

서기 66년이 되자 유대인은 힘을 합해 팔레스타인 지역을 점령한 로마 제국을 향해 무장 독립투쟁을 펼쳐 나가기 시작했습니다. 이에 로마 제국은 명장 베스파시아누스Vespasianus를 팔레스타인 지역으로 보내 무력 진압에 나섰고 양측 간의 충돌로 수많은 희생자가 생겨났지요. 유대민족은 3년 동안이나 로마군에 맞서 투쟁했으나 당시 세계

팔레스타인 지역 정복에 앞장선
베스파시아누스

최강이던 로마 제국의 계속되는 공격을 견딜 수는 없었습니다.

로마군은 예루살렘 이외의 팔레스타인 전역을 점령하며 기세를 올렸고 전쟁에서 패한 유대민족은 떼죽음을 당했습니다. 베스파시아누스는 항전을 외치는 유대인을 예루살렘 도성으로 몰아넣고 시간을 끌며 굶어 죽기만을 기다렸습니다. 시간이 지나자 도성 안에서 하루에 수천 명씩 굶어 죽는 사람들이 속출했지만 유대민족의 강경파는 무력투쟁만을 고집하며 한 발짝도 물러서지 않으려고 했습니다.

이때 등장한 사람이 바로 당대 최고의 랍비* 요하난 벤 자카이

---

* 유대교의 율법학자를 이르는 말.

Yohanan ben Zakkai였습니다. 독립전쟁이 결국 유대 민족의 대학살로 막을 내릴 것이라 예견한 자카이는 로마군과의 평화협상에 나섰지요. 하지만 강경파가 예루살렘 도성에서 밖으로 나가는 것을 금지하자 자카이는 제자들에게 자신이 중병으로 머지않아 죽을 것이라는 소문을 퍼뜨리라고 시켰습니다. 며칠 후 자카이가 죽었다는 소문이 파다하게 퍼졌습니다. 제자들은 성 밖의 공동묘지에 시신을 묻는다는 명분으로 살아 있는 자카이를 관에 넣어 탈출시키는 데 성공했지요.

로마군 진영으로 찾아간 자카이는 베스파시아누스를 만나 "가까운 미래에 로마 황제가 될 것이다."라는 의미심장한 예언을 남겼습니다. 유대민족 최고의 랍비에게 기분 좋은 예언을 들은 베스파시아누스는 자신이 로마 황제가 되면 소원 하나를 들어주겠다고 약속했습니다. 이에 자카이는 유대민족이 독립전쟁에서 패하더라도 아이들을 교육할 학교 하나를 남겨 달라고 간청했습니다.

이후 베스파시아누스는 예루살렘을 점령해 성안의 모든 것을 파괴했지만 자카이의 부탁대로 학교 하나를 남겨두었습니다. 이 학교를 통해 유대인은 자신들의 종교와 사상을 후세에게 전할 수 있게 되었고 유대민족 고유의 정체성을 유지할 수 있게 되었습니다.

같은 해 폭군 네로가 죽자 로마 제국 심장부에는 극심한 권력 투쟁이 벌어졌습니다. 이윽고 서기 69년, 베스파시아누스가 어부지리로 새로운 황제에 올랐고, 로마군이 예루살렘을 점령하자 제1차 유대민족의 독립전쟁은 실패로 돌아갔습니다. 하지만 유대인의 봉기가 완

로마 제국에 맞서 끝까지 싸운
마사다의 유대인 요새

전히 끝난 것은 아니었지요. 유대 저항군 960명이 천혜의 요새 마사
다*에서 끝까지 투쟁을 이어가자 베스파시아누스는 최정예 군사인
제10군단을 팔레스타인으로 보내 사태를 끝내도록 명령했습니다.

마사다의 유대 저항군은 1만 5천 명이나 되는 로마군을 맞아 놀라
운 애국심을 발휘해 용감히 싸웠습니다. 유대 저항군은 마사다에서
무려 2년 동안이나 버텼지만 압도적인 군사력을 가진 로마군을 물리
칠 수는 없었습니다. 로마군의 총공격으로 요새가 함락 위기에 몰리

---

* 이스라엘의 사해(死海) 남서쪽에 있는 바위산.

자 유대 저항군은 전원 옥쇄라는 극단적인 방법을 선택했습니다. 유대교 율법이 자살을 엄격히 금지하기 때문에 저항군 남성들은 자신의 처자식을 먼저 죽였습니다. 곧바로 제비뽑기로 뽑힌 남자 한 명이 나머지 저항군을 모두 죽이고 자결하면서 서기 73년 4월 독립전쟁은 끝났습니다.

로마 제국은 마사다를 점령한 후 유대민족이 다시는 저항할 엄두를 낼 수 없도록 신전을 비롯해 모든 것을 부숴버렸습니다. 로마군과의 독립전쟁으로 무려 110만 명에 이르는 유대인이 목숨을 잃었지요. 로마 제국은 목숨을 버릴지라도 절대로 항복하지 않는 유대인을 두려워해 강제로 고향을 떠나게 했습니다. 이때 유대인은 정든 고향을 떠나 유럽, 아시아, 아프리카 등 세계 각지로 흩어지게 되었습니다. 이를 두고 이산離散을 뜻하는 '디아스포라Diaspora'라고 합니다.

상업에 특기를 보인 중세의 유대인

기원후 1세기 로마 제국에 의해 세계로 뿔뿔이 흩어진 유대민족은 정착하는 곳마다 시나고그Synagogue라는 회당을 지었습니다. '만남의 장소'라는 뜻을 가진 시나고그는 유대교 예배당인 동시에 모임의 장소, 교육 기관 등 다양한 용도로 활용되며 유대인 간의 교제와 정체성 확립에 중요한 역할을 했지요. 그런데 이슬람 지역이나 아시아에 정착한 유대인은 현지인에게 별다른 차별을 받지 않았지만, 유럽에 정착한 유대인은 모진 고난을 감내해야 했습니다.

유대인 공동체의 중심 역할을 하는 시나고그

4세기 이전까지만 하더라도 유럽인들은 유대교를 믿는 유대인과 종교적 마찰을 빚을 일이 없었습니다. 오래전부터 토속신을 숭배해 왔기 때문이지요. 그런데 4세기에 접어들자 기독교가 급속도로 퍼져 나가면서 유대인의 앞날에 먹구름이 몰려왔습니다. 기독교가 신으로 숭배하는 예수를 유대인이 십자가에 못 박아 죽였기 때문입니다. 예수에 대한 사랑이 뜨거워질수록 유대인에 대한 증오는 강해져 갔지요. 마침내 교세를 넓히던 기독교가 392년에 로마 제국의 국교로 발돋움함에 따라 유대인에 대한 탄압이 막을 올렸습니다. 유대인의 지위는 나날이 추락해 농사를 지을 땅조차 소유할 수 없게 되었지요. 반면에 교회는 세금을 면제받았고 성직자는 전쟁이 나더라도 군대에

유대인에 의해 죽임을 당한 예수

가지 않아도 될 만큼 많은 혜택을 누렸습니다.

　당시는 농업을 가장 중시했기 때문에 농사를 지을 수 없다는 것은 경제활동에서 밀려난 것과 같은 의미였습니다. 게다가 유대인은 군인으로 전쟁에 참전할 수 없었기 때문에 합법적으로 로마 시민이 될 자격조차 주어지지 않았지요. 농업에서 배제된 유대인은 어쩔 수 없이 상업에 종사하게 되었는데 이 분야에서 남다른 장사수완을 발휘해 큰 성공을 거두었습니다. 유대인이 상업 분야에서 성공한 것은 무엇보다도 글을 알았기 때문입니다.

　4세기에 기독교가 유럽을 지배하는 중세가 시작되자 성직자들은 손쉬운 지배를 위해서 의도적으로 문맹화 작업에 나섰습니다. 사람들이 글을 깨쳐 성경을 비롯한 다양한 책을 읽고 현명해질 경우 성직자의 부당한 요구에 저항할 수 있으므로 우민화의 길을 선택했습니다. 이때 내세운 대의명분은 이단의 등장을 방지한다는 것이었습니다. 전통 로마 가톨릭 성직자 외의 사람이 글을 알 경우, 성경을 왜곡해 세상을 어지럽게 할 수 있으니 성직자 같은 극소수 계층만 글을 아는 것이 모두를 위해 좋다는 것이었지요. 이에 따라 평신도는 성경을 읽을 수도, 번역할 수도, 소유할 수도 없었고 이를 어길 시 종교재판에 넘겨져 화형을 면치 못했습니다. 성경의 내용을 최고의 진리로 숭상하던 중세 기독교 사회에서 성경을 읽거나 소유하면 사형을 당하는 모순이 발생한 것입니다. 이렇게 유럽인들은 점점 우민화되어 갔습니다.

그러나 기독교와 달리 유대교는 아주 오래전부터 문맹을 죄악시했습니다. 자녀를 제대로 교육하는 일은 신이 부여한 신성한 의무라고 믿어서 유대인 부모는 자녀 교육에 남다른 노력을 기울였습니다. 이로 인해 유대인 사회에서 글을 모르는 사람은 존재하지 않았습니다. 중세 유럽의 무수한 문맹자들 가운데 글과 수학을 깨친 독보적인 민족이었던 유대인은 상업 분야에서 두각을 나타낼 수밖에 없었지요.

또 유대인이 디아스포라로 전 세계에 흩어지게 된 것은 한편으로 국제무역을 할 수 있는 좋은 여건이 되었습니다. 오랫동안 외부로부터 모진 핍박을 받아 온 그들은 다른 민족에 비해 공동체 의식이 강했습니다. 사업을 위해 객지를 방문한 유대인은 현지에 아는 사람이 없어도 유대교 회당에 가면 동족으로부터 도움을 받을 수 있었습니다. 그들은 방문객을 집으로 데려가 식사와 숙소를 제공할 뿐 아니라 사업에 관한 유용한 정보를 제공해 주었습니다. 따라서 실패할 확률을 낮출 수 있었지요.

게다가 교황이 기독교인에게 이슬람과의 무역을 금지하면서 유대인은 반사 이익을 누리게 되었습니다. 중세 시대의 이슬람 국가들은 기독교가 지배하던 유럽과는 비교할 수 없을 만큼 수준 높은 문명을 자랑했습니다. 이슬람은 글을 모르는 유럽인들을 야만인으로 간주했지요. 하지만 해박한 지식을 가진 유대인에게는 교역을 허락했습니다. 디아스포라가 시작된 후 이슬람 지역에 정착한 유대인들이 많았기 때문에 이곳과의 무역은 유대인의 독무대나 다름없었습니다. 이처럼 유대인은 자신들의 장점을 활용해 상업에서 독보적인 활약을 펼쳤지만 이를 시기한 기독교도의 견제가 있었습니다.

고리대금업, 그리고 유대인에 대한 혐오

교회는 권력을 이용해 해외무역으로 막대한 부를 축적한 유대인의 상업 활동에 제재를 가했습니다. 유대인이 할 수 있는 일이라고는 돈을 빌려주고 이자를 받는 대부업 외에는 없게 되었지요. 기독교가 등장하기 이전에도 유럽에서 대부업자는 지탄받았습니다. 화폐란 교환의 편리를 위해 사용하는 도구일 뿐, 그 자체가 이익을 창출해서는 안 된다고 여겨서 돈을 빌려주고 이자를 받는 일을 꺼렸습니다.

중세 시대로 접어들자 대부업에 대한 성경적 해석이 추가되면서 금지 대상이 되었습니다. 교회는 '시간은 천지를 창조한 신의 영역이기 때문에 시간이 지남에 따른 대가로 이자를 받는 행위는 신의 영역을 침범하는 죄가 된다.'라고 해석하며 기독교인의 대부업을 금지했습니다. 반면에 유대인은 '이방인에게 돈을 빌려주고 이자를 받을 수 있지만 너의 형제에게는 이자를 받고 돈을 빌려주어서는 안 된다.'라는 구약성경의 구절을 자신들에게 유리하게 해석했지요. 즉 이방인에 지나지 않는 기독교도에게는 돈을 빌려주고 많은 이자를 받아도 된다고 생각한 것입니다.

유대인은 유일하게 허락된 대부업을 통해 생계를 이어갔지만, 이는 그들에 대한 기독교인의 반감을 더욱 키우는 계기가 되었습니다. 땀 흘려 일하지 않고 돈놀이를 통해 부를 축적하는 유대인은 사회의 악으로 취급받으며 온갖 나쁜 이미지가 덧칠해지게 되었습니다.

영국의 대문호 윌리엄 셰익스피어의 소설 「베니스의 상인」에 보면 피도 눈물도 없는

유대인을 피도 눈물도 없는 고리대금업자로 묘사한
윌리엄 셰익스피어

악질 고리대금업자 샤일록Shylock이 등장해 독자를 분노하게 하는데, 샤일록 역시 유대인으로 묘사되고 있습니다. 그러나 당시의 유대인들이 돈을 빌려 간 사람들에게 지나치게 폭리를 취했다는 근거는 어디에도 없습니다. 그들은 당시 수요와 공급에 따른 이자를 받았을 뿐이었지만 악질 고리대금업자라는 멍에를 벗어나기가 쉽지 않았습니다.

혐오의 대상이 된 유대인은 '게토Ghetto'라는 집단 거주지역에 살아야 했고 해가 지면 게토의 출입문이 닫혀 외부로 나갈 수 없었습니다. 게다가 천재지변이 일어나거나 전염병이 돌아 사회가 뒤숭숭해지면 권력자들은 유대인을 희생양으로 삼아 사회 안정을 이루고자 했습니다. 이 과정에서 수많은 유대인이 애꿎은 죽임을 당했습니다.

집단 거주지인 게토에 갇혀 산 유대인

14세기에 흑사병이 유럽 전역을 강타해 많은 사람이 죽자, 누군가가 유대인이 우물에 독을 타서 병이 돌았다는 뜬소문을 악의적으로 퍼트렸습니다. 이를 믿은 기독교도들은 유대인 공격에 나섰습니다. 수많은 유대인이 돌에 맞아 죽거나 산 채로 태워지는 끔찍한 참변을 당했습니다. 이런 유언비어가 큰 효과를 발휘할 수 있었던 것은 유대 민족만 흑사병으로부터 자유로웠기 때문입니다. 흑사병은 쥐에 붙어 있는 벼룩이 옮기는 전염병입니다. 유대인은 평소 위생관리가 철저해 집에 쥐가 살지 못했기 때문에 흑사병의 공포에서 벗어날 수 있었던 것입니다.

유대인과 유럽 국가의 흥망성쇠

14세기를 끝으로 기독교가 세상을 지배하던 중세는 막을 내렸습니다. 그래도 유대인의 처지는 그다지 나아지지 않았습니다. 이 무렵 유럽의 여러 나라 가운데 스페인이 유대인을 호의적으로 대해 주었습니다. 그러자 유럽 전역에서 많은 유대인이 몰려들었지요. 스페인 경제는 활기를 띠기 시작했습니다. 15세기 스페인은 유럽 최강국 지위에 올라섰습니다. 해외무역, 금융, 상업 등 경제 여러 분야에서 뛰어난 실력을 발휘한 유대인의 공이 컸습니다. 그러나 1492년 3월, 스페인 국왕이 유대인 추방령을 내리자 유대인은 다시 방랑길에 올라야 했습니다.

유대인에게 호의적이었던 스페인이 갑자기 왜 이런 결정을 내렸을

유대인을 추방한 스페인의 이사벨 여왕

까요? 8세기 초, 스페인과 포르투갈이 있는 이베리아반도는 무슬림의 지배를 받게 되었습니다. 북아프리카에 살던 무슬림이 유럽 남서부 지역을 침략해 차지했기 때문이지요. 기독교도들은 이들을 몰아내기 위해 끊임없이 투쟁에 나섰습니다. 마침내 1492년 스페인은 지난 수백 년간 기독교도와 대립하던 무슬림을 모두 몰아내는 데 성공했습니다. 이에 스페인의 이사벨 여왕은 유대인 없이도 얼마든지 스페인을 발전시킬 수 있다고 판단해 '유대인 추방'이라는 초강수를 두었지요.

스페인 페르디난드 2세는 알람브라 칙령을 발표해 유대인을 쫓아냈습니다. 이때 "그동안 유대인에게 관용을 베풀었음에도 유대인은 사악한 신앙과 음탕한 관습을 고집해 성스러운 기독교에 해악을 끼치기 때문에 추방한다."라는 명분을 내세웠지요. 하지만 그가 노린 것은 유대인이 가지고 있던 막대한 재산이었습니다.

당시 700만 명의 스페인 인구 중 유대인 비율은 7%에 불과했지만, 그들은 상업과 무역에 절대적인 영향력을 행사하며 엄청난 재산을 모았습니다. 또 정부의 고위 요직에 올라 세무·재정관리 등 돈과 관련된 분야에서 막중한 역할을 하며 스페인 경제를 쥐락펴락했습니다. 스페인의 핵심축을 이루며 해외무역과 상업을 장악하고 있던 유대인이 국왕의 추방령에 따라 빈손으로 쫓겨나자 곧바로 유통경제가 마비되어 경제는 큰 혼란에 휩싸이게 되었습니다. 게다가 전문 지식을 기반으로 정부 재정을 총괄하던 유대인이 자리를 떠나자 나라의 살림살이도 엉망이 되어 갔지요.

유대인 5만여 명은 그동안 이룩한 부와 권력을 놓지 않기 위해 기독교로 개종하며 스페인에 완전히 동화되는 모습을 보이려고 했습니다. 그러나 국왕은 개종한 유대인을 자국민으로 받아들이지 않고 체포하여 즉시 화형에 처하고 그들의 재산을 모두 빼앗았습니다. 스페인에서 쫓겨난 유대인은 이웃 나라 포르투갈을 거쳐 관용의 나라 네덜란드로 이주해 그곳에서도 탁월한 능력을 발휘하며 국가발전에 큰 공을 세웠지요. 스페인은 유대인 추방 이후 발전이 정체되었고 오래지 않아 유럽 최강국의 지위를 네덜란드에 넘겨야 했습니다.

1602년 최초의 근대적 주식회사인 네덜란드 동인도회사가 유대인의 고안으로 세워져 네덜란드는 자본주의를 꽃피웠습니다. 주식회사가 설립되기 이전까지 기업은 개인 기업이나 가족 기업의 형태로서 소규모에 불과했고 창업주가 죽으면 회사를 폐업하든지 자식에게 물려주는 원시적인 형태로 유지되었습니다. 그런데 주식회사가 만들어지면서 누구든지 주식을 보유한 만큼 회사의 지분과 이익을 차지할 수 있게 되자 많은 사람을 주주로 하는 거대한 회사가 설립되었습니다. 주식회사에 자본이 모이자 네덜란드는 원거리 무역을 가능하게 하는 거대한 무역선을 대거 건조하게 되었지요. 17세기 네덜란드는 동양과의 무역에서 두각을 나타내면서 순식간에 유럽 최강국으로 올라섰습니다. 여기에는 해외무역 전문가인 유대인의 역할이 무엇보다 컸습니다. 17세기 중반 세계 전체의 무역선이 2만 척 정도일 때 자국에만 무려 1만 5천 척 이상의 무역선이 있을 만큼 네덜란드는 세계 무역의 중심 국가였습니다.

17세기 전성기를 구가한 네덜란드는 세계 무역선의 75% 이상을 차지하면서 세계를 하나로 엮는 중요한 역할을 했습니다. 금융 역시 유대인의 유입으로 크게 활성화되며 네덜란드는 세계 금융의 심장이

암스테르담에 세워진 세계 최초의 증권거래소

되었습니다. 1609년 세계 최초의 증권거래소가 네덜란드의 수도 암스테르담에 세워졌고 1,000여 명의 펀드매니저가 활발하게 활동하며 주식시장을 이끌었지요. 17세기 유대인에 의해 선물거래, 옵션 등 첨단 금융기법이 쏟아져 나왔는데 이는 오늘날에도 널리 활용되고 있는 앞선 금융기법입니다.

17세기 후반 영국에서 명예혁명*이 성공하면서 민주주의가 꽃을 피우고 인간의 자유가 보장되었습니다. 그러자 네덜란드의 유대인이 영국으로 이주하기 시작했지요. 유대인은 영국의 산업혁명에 적지 않은 이바지를 했고 금융 산업 발전의 초석을 놓았습니다. 덕분에 오늘날 영국은 미국과 함께 금융 산업을 주도하는 나라로 성장할 수 있었습니다. 이처럼 유럽의 역사를 살펴보면 탁월한 능력을 지닌 유대 민족을 관대하게 포용한 나라는 패권을 잡았지만, 이들을 배척한 나라는 하나같이 몰락의 길을 걸었습니다.

미국으로의 집단 이주

1654년 2월, 브라질에 살던 유대인 23명이 뉴암스테르담_{오늘날 뉴욕}에 상륙하면서 미국 생활을 시작했습니다. 이들은 미국으로 항해하던 도중 남아메리카 북부 카리브해의 작은 섬나라 마르티니크에서 해적을 만나 모든 것을 잃었습니다. 이렇듯 빈털터리로 시작한 그들

---

* 1688년에 영국에서 평화롭게 전제 왕정을 입헌 군주제로 바꾸는 데 성공한 혁명.

러시아에서도 탄압의 대상이었던 유대인

이지만, 대부분 1년 만에 자리를 잡고 남을 도울 수 있을 만큼 처지가
좋아졌지요. 이들 중 절반가량이 훗날 금융업에 종사하면서 금융에
일가견이 있는 민족임을 보여주었습니다. 이후로도 유대인의 이주는
계속되었습니다. 하지만 이 무렵에는 그 수가 그리 많지 않았습니다.

유대인이 본격적으로 미국땅에 집단 이주하기 시작한 것은 19세기
말엽입니다. 그 중심에 러시아 유대인이 있었지요. 19세기 이전까지
그들은 유럽의 다른 지역에 살던 유대인보다 처지가 좋았습니다. 근
대화의 주춧돌 역할을 하여 황실의 신임을 얻었기 때문입니다. 그러
나 19세기 말 제정 러시아가 붕괴로 치달으면서 핍박의 대상이 되고
말았습니다. 러시아 최대 민족인 슬라브족은 소수에 불과한 유대인
이 국가의 부 대부분을 장악하고 있는 현실에 불만을 품고 약탈을 일

삼았습니다. 특히 제정 러시아 말기 나라의 법치체계가 무너진 틈을 타 악질적인 경찰과 그 앞잡이들이 유대인을 무참히 죽이고 재산을 차지했습니다. 이를 두고 러시아어로 박해를 의미하는 '포그롬_{Pogrom}' 이라 불렀습니다.

19세기 말부터 심해진 러시아의 유대인 박해는 20세기 초에 일어난 사회주의 혁명과 맞물려 절정에 이르렀습니다. 1917년, 제정 러시아의 절대왕정 체제에 대해 사회주의자들이 반기를 들었습니다. 그들은 노동자와 농민의 세상을 만들겠다는 사회주의 이념상 부르주아계층의 유대인을 받아들이지 못했고 이에 수많은 유대인이 희생되었습니다.

제정 러시아를 비롯한 동유럽 국가들은 소비에트연방_{소련}이라는 이름 아래 하나로 묶였습니다. 이곳에서 극심한 박해를 받던 수십만 명의 유대인은 공산화된 소련을 나와 미국으로 건너왔습니다.

미국이 자유와 평등의 나라라고 하지만, 예수를 구세주로 인정하지 않는 유대인은 이방인 취급을 받았습니다. 식당, 호텔 등 많은 장소에서 출입금지의 대상이었습니다. 기독교도의 노골적인 차별에도 불구하고 미국에 정착한 유대인은 짧은 기간에 성공의 길에 올랐습니다. 이곳에서 먼저 자리 잡은 유대인이 뒤늦게 정착한 동포의 성공을 위해 도움을 주었기 때문이지요. 유대인들은 부유하거나 가난하거나 관계없이 모두 흔쾌히 기부금을 내놓았는데, 이 돈을 새로 정착하는 사람들에게 사업자금 용도로 이자 한 푼 받지 않고 빌려주었습니다. 또 사업에 관한 정보를 주어 시행착오를 겪지 않도록 도왔습니다. 이 같은 노력 덕분에 미국 땅을 새로이 밟은 유대인은 대부분 큰 실패 없이 성공의 가도를 달렸습니다.

1930년대 중반, 독일에 히틀러가 등장해 유대인 탄압을 일삼았습니다. 이에 생명의 위협을 느낀 유대인의 미국행 대탈출이 시작되었습니다. 1939년 히틀러가 제2차 세계대전을 일으키면서 영국을 제외한 유럽 전역을 점령하자 더욱 많은 유대인이 미국행 선박에 몸을 실었지요. 당시 미국으로 이주해 온 유대인은 과학, 공학, 예술, 철학 등 다양한 분야의 정점에 있던 당대 최고의 엘리트로서 유럽 문화를 선도하던 지식인들이었습니다. 물리학자 아인슈타인과 엔리코 페르미, 정신분석학자 에리히 프롬, 철학자 한나 아렌트 등 당대 최고의 유대인 석학들이 히틀러의 칼날을 피해 미국으로 건너왔습니다. 이들 덕분에 미국은 단번에 유럽을 따라잡을 수 있게 되었습니다. 나치가 유럽을 공포의 도가니로 몰아넣은 1933년부터 1945년까지 10만 명이 넘는 유대인 엘리트가 미국 땅을 밟았습니다. 미국은 대학교수, 연구원, 고위 공직 등 능력에 걸맞은 일자리를 제공하여 이들을 적극적으로 유치했지요. 이들은 영어도 빨리 익히고 미국 문화에도 쉽게 적응해 주류 사회로 진입하는 데 성공하면서 유대인에 대한 부정적인 편견을 없애는 데 결정적인 역할을 했습니다.

유대인의 안식일, 사바스

일상생활에서 지독히 공부하고 일하는 유대인은 안식일에도 지독하리만큼 철저히 쉽니다. 구약성경에 의하면 유대 민족의 지도자 모세Moses는 성스러운 호렙산에 올라 신을 만납니다. 모세는 그 자리에서 유대인이 반드시 지켜야 할 10가지 계명인 '십계명'을 신으로부터 받았고, 이는 유대인의 삶에서 가장 중요한 방향타가 되었습니다. 이후 유대인은 십계명을 지키기 위해 많이 노력했는데 그중 네 번째 계명인 안식일을 지키기 위해서는 큰 불편을 감수해야 했지요.

사바스Sabbath라 불리는 유대인의 안식일은 매주 금요일 저녁 해가지면 시작되어 토요일 해가 질 때까지 계속됩니다. 꼬박 하루 동안 유대인은 모든 일을 멈춰야 합니다. 업무를 할 수 없음은 물론 요리, TV 시청, 인터넷, 목욕, 청소 등 모든 일상이 금지됩니다. 아무리 더워도 에어컨을 켜면 안 되고 냉장고를 열거나 심지어 엘리베이터 버튼을 눌러도 안 됩니다. 이는 노동력이 들어가는 일이기 때문입니다. 유대인은 안식일이 되면 주로 예배를 드리고 성경을 읽거나 사색을 하며 차분하게 하루를 보냅니다.

요즘은 대부분의 나라가 토요일을 공휴일로 지정하고 있지만, 반세기 전까지만 하더라도 토요일에 일하는 나라가 많아서 유대인들은 사회생활을 하기가 쉽지 않았습니다. 다른 종교를 믿는 직원은 모두 출근할 때 안식일을 지킨다는 명분을 내세우며 결근하는 유대인을 회사에서 좋아할 리 없었습니다. 자영업자도 마찬가지였습니다. 다른 가게는 일주일 내내 영업을 하지만 유대인 가게는 안식일이 되면 모두 문을 닫기 때문에 불리한 면이 한두 가지가 아니었습니다.

하지만 안식일을 지키라는 신의 명령은 유대교인이라면 누구나 따라야 했습니다. 만약 이를 어길 시 중죄로 다스렸습니다. 기독교인이 구세주로 믿는 예수조차도 안식일을 지키지 않았다며 지탄받았습니다. 예수는 안식일에 눈먼 사람과 한쪽 손이 오그라든 사람 등을 낫게 하고 고쳐 주었습니다. 그러자 유대인은 "일주일 중 환자를 치료할 수 있는 날이 안식일 말고 6일이나 되는데 굳이 안식일에 환자를 치료하는 것은 불경스러운 일이다."라고 비난했습니다. 이에 예수는 "사람이 안식일을 위해 있는 것이 아니라 안식일이 사람을 위해서 있는 것이다. 사람을 살리는 일이 안식일을 지키는 것보다 훨씬 중요하다."라고 말했습니다. 이 일로 예수를 미워하던 사람들은 결국 그를 위험인물로 몰아 재판에 넘겼고, 예수는 십자가형으로 생을 마감했습니다.

변화의 속도가 빠른 요즘에도 유대인은 안식일을 종교적으로 중요히 여기고 이날을 지키기 위해 노력합니다. 그런데 최근 들어 안식일이 유대인 성공의 비결이라는 주장이 제기되고 있습니다. 창의력이 중시되는 지식정보사회에서 유대인은 일주일에 하루 동안 여유롭게 독서를 하고 사색을 하는 재충전 시간을 가짐으로써 남다른 생각을 떠올릴 수 있습니다. 유대인이 많이 사는 뉴욕에는 안식일에 문을 닫는 회사와 가게가 많습니다. 특히 유대인이 주도하는 대형 로펌은 안식일에 일하지 않는 것이 관례처럼 되어 있습니다.

유대인의 음식, 코셔

코셔Kosher는 유대교 율법에 따라 식재료를 선정하고 조리하는 등의 과정에서 엄격한 절차를 거친 음식을 뜻합니다. 사전적으로는 유대인의 언어인 히브리어로 '적당한, 합당한'이라는 뜻입니다. 즉 유대인이 먹기에 합당한 음식으로 결정된 것을 의미하지요.

성경은 코셔 음식과 그렇지 않은 음식을 명확히 구분하고 있습니다. 따라서 유대교를 믿는 사람이라면 성경 규정에 따라 음식물을 선별해 코셔 식품만 먹어야 합니다. 과일과 채소는 모두 코셔이기 때문에 먹는 데 아무런 제약이 없으나 어류, 조류, 육류를 섭취할 경우 엄격한 제한이 뒤따르지요.

우선 어류는 지느러미와 비늘이 있어야 코셔입니다. 따라서 지느러미는 있더라도 비늘이 없는 장어나 미꾸라지는 먹을 수 없고, 비늘과 지느러미가 모두 없는 문어, 오징어, 낙지, 새우, 굴 역시 먹을 수 없습니다. 조류는 가금류에 속하는 닭, 칠면조, 오리는 코셔이지만 야생조류나 독수리, 매 같은 육식성 조류는 코셔가 아닙니다.

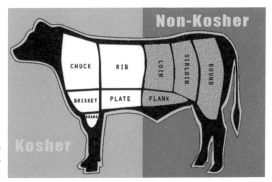

코셔에 따라
먹을 수 있는 소의 부위와
먹을 수 없는 부위

코셔 인증을 받은 식품들

　육류의 경우 코셔의 조건은 되새김질하는 동물이면서 이와 함께 발굽이 갈라져 있어야 합니다. 소, 양, 염소, 사슴 등은 되새김질도 하고 발굽도 갈라져 있어 먹을 수 있지만 말, 당나귀, 낙타는 되새김질은 하나 발굽이 갈라져 있지 않아 먹을 수 없습니다. 돼지는 발굽이 갈라져 있지만 되새김질하지 않기 때문에 먹을 수 없습니다.

　코셔에 해당하는 조류나 육류는 복잡한 유대교 율법에 따라 도살하고 처리해야만 먹을 수 있습니다. 이를테면 소를 도살할 경우 랍비가 입회하고 수의사나 도축 전문가의 집도 아래 가장 고통 없는 방법으로 죽여야 합니다. 이를 위해 도축 전용 칼로 소의 목을 찔러 최대한 빨리 숨이 끊어지도록 합니다. 도살된 이후에는 소금으로 문질러 피를 남김없이 빼는데, 이는 피에 소의 영혼이 들어 있다고 생각하기 때문입니다. 인간의 생존을 위해서는 살코기만으로 충분하며 소

유대인의 삶에 큰 영향을 미치는 랍비

의 영혼까지 먹는 것은 바람직하지 못하다고 여깁니다. 또 소금기를
제거하기 위해 깨끗한 물에 세 번 이상 씻기 때문에 위생적인 관리가
이루어집니다.

　특이한 점은 고기와 유제품을 절대로 함께 먹어서는 안 되는 계율
입니다. 이는 '염소 새끼를 제 어미젖으로 삶지 말라.'는 구약성경의
구절 때문입니다. 유대인은 성경에 따라 어미와 새끼를 한꺼번에 먹
는 잔혹한 일을 하지 않기 위해 고기와 유제품을 6시간 이상의 간격
을 두고 섭취합니다. 이 계율을 철저히 지키기 위해 숟가락, 포크, 그
릇 등 식기류도 두 벌씩 준비해 우유와 고기가 절대로 섞이지 않도록
합니다. 또 과자나 음료 등 공장에서 대량생산되는 식료품이 제대로
율법을 지켰는지 확인하기 위해 랍비가 철저히 제조 과정을 확인해
코셔 인증을 한 것만 먹을 수 있습니다.

코셔 인증

이와 같이 성경에 따른 엄격한 율법 때문에 유대인은 먹거리 선택에 많은 제약을 받지만 이로 인해 얻는 이익도 적지 않습니다. 코셔 식품은 엄격하고도 철저한 위생관리를 해야 판매할 수 있기 때문에 식품 기업이 이를 마케팅에 적극적으로 활용하고 있습니다. 네슬레, 하인즈, 스타벅스, 맥도날드 등 세계적인 식품 회사들은 소비자에게 자사 제품이 안전한 먹거리라는 인식을 심어주려고 일부러 코셔 인증을 받습니다. 이는 유대 문화의 확산 현상으로 이어지게 되지요. 미국 인구 중 2%에 불과한 유대인의 소비가 식품 회사 전체 매출에 큰 영향을 미치지는 않습니다. 하지만 코셔 인증을 받는다는 자체가 안전한 식품이라는 가장 확실한 보증이기 때문에 기업은 이를 중시합니다.

코셔 인증을 위해 초빙된 랍비는 식품 생산의 전 과정을 꼼꼼히 검사합니다. 좋은 식재료를 쓰는지, 생산 과정에 비위생적인 요소는 없는지 등을 철저히 감독해 코셔 인증을 해줍니다. 코셔 적합 판정을 받더라도 유효 기간이 1년에 불과합니다. 따라서 매년 시간과 비용을 들여 다시 인정을 받아야 하지만 식품 회사는 상품 이미지 향상을 위해 전담부서를 만들어 적극적으로 코셔 인증을 받으려고 합니다. 오늘날 미국에서 판매되는 식품 대기업 제품의 40%가량이 코셔 인증을 받은 제품이고 그 비율은 매년 늘어나고 있습니다.

막대한 부로 정치를 거머쥐다

역사적으로 유대인은 어디를 가든지 성공을 거두었지만 동시에 박해의 대상이었습니다. 이는 현지인들이 소수집단에 불과한 유대인의 성공을 시기한 면도 있지만 유대인의 우월감도 적지 않은 영향을 미쳤습니다. 그들은 자신들만 신으로부터 선택받은 특별하고 우수한 민족이라는 선민의식을 드러내는 행동을 서슴없이 했습니다. 이에 유대인과 함께 살게 된 민족들은 기회가 날 때마다 그들을 탄압하며 불쾌한 감정을 쏟아 냈습니다.

제2차 세계대전 기간 중 나치 독일이 자행한 '홀로코스트유대인 대학살' 역시 유대인에 대한 증오 범죄였습니다. 과거 독일 땅에서 추방과 정착을 반복한 유대인은 18세기 이후 자유로운 활동을 보장받자 두

유대인이
대량으로 학살당한
홀로코스트

각을 나타내기 시작했습니다. 그런데 금융 분야를 독점하여 독일 경제를 쥐락펴락하는 과정에서 독일인을 무시한다는 이미지를 깊이 남겼습니다. 이로 인해 언젠가는 반드시 응징해야 할 오만한 민족으로 낙인찍히게 되었지요. 유대인이 독일인보다 더 큰 성공을 거두고 지배층 자리에 올라서려고 하자 독일 사람들은 히틀러를 중심으로 국가적 차원에서 조직적으로 유대인 학살에 나섰지요. 이것이 바로 홀로코스트입니다. 유대인 대학살을 계기로 미국으로 대거 이주한 유대인은 스스로 낮추며 몸을 사리기 시작했습니다.

그러나 미국의 유대인은 고국 이스라엘을 돕기 위해서라면 물불을 가리지 않는 적극성을 보였습니다. 1948년, 유대인은 팔레스타인 지역에 이스라엘을 세우며 숙원이었던 독립 국가의 꿈을 이루었습니다. 기원후 1세기경 로마 제국의 침략으로 나라를 잃어버린 후 무려 2,000년 가까이 나라 없는 민족으로 모진 풍파를 겪은 끝에 이룩한 꿈이었습니다. 그러나 팔레스타인 지역에 살던 무슬림은 분노했고 인근의 무슬림 국가들은 신생국 이스라엘과의 전쟁을 선포했습니다. 이스라엘 건국으로 인해 생활 터전을 잃어렸기 때문이지요. 이에 미국의 유대인은 가까스로 세운 유대민족 국가 이스라엘을 지키기 위해 세계 최강 미국의 힘을 이용할 필요성을 느꼈습니다.

에이팩 로고

1954년 미국의 유대인은 미국에서 이스라엘의 이익을 대변하는 유대인

2016년 대선후보시절 유대인의 지지를 얻기 위해 에이팩에 참가한 트럼프

최대의 로비단체, AIPAC미국·이스라엘공공정책위원회,에이팩을 만들었습니다. AIPAC은 미국의 대외정책을 결정하는 행정부와 의회를 상대로 적극적인 로비를 펼칩니다. 이때 유대인이 가진 막강한 경제력을 활용하지요. 해마다 미국의 유대인에게 거두어들인 수억 달러의 돈을 연방 상·하원 소속 정치인에게 로비자금으로 사용합니다. 미국의 정치인은 AIPAC이 지원하는 막대한 로비자금의 혜택을 받기 위해 이스라엘에 유리하도록 대외정책을 만듭니다. 만약 정치인 누구라도 이스라엘에 불리한 정책을 만들거나 아랍 편을 들 경우, 유대인의 정치보복을 받아야 합니다. 이스라엘에 비우호적인 정치인을 매장하기 위해 유대인은 상대방 후보에게 정치자금을 몰아주고 적극적인 낙선운동을 벌입니다. 이렇듯 그들은 정치권에 영향력을 행사하기 시작했습니다.

미국 국민의 평균 투표율은 절반에도 미치지 못하지만, 유대인은

80%를 넘길 정도로 투표에 적극적으로 참여합니다. 게다가 미국의 양대 일간지 〈뉴욕 타임스〉, 〈워싱턴포스트〉와 3대 방송사인 ABC, NBC, CBS 등 주요 언론사 대부분이 유대인 소유이거나 영향력 아래 있기에 이스라엘에 반하는 언행을 일삼는 정치인을 얼마든지 궁지에 몰아넣을 수 있습니다.

유대인은 선거철과 상관없이 평소에도 이스라엘에 호의적인 정치인을 위해 자원봉사를 하거나 정치자금을 제공하며 두터운 친분을 쌓기 때문에 정치권은 유대인의 눈치를 보지 않을 수 없습니다. 지금까지 미국의 친이스라엘 정책을 비판하며 균형 잡힌 대외정책을 추진하려던 정치인은 예외 없이 유대인의 낙선 운동에 걸려들어 정치판을 떠나야 했지요.

이 같은 유대인의 행동은 종종 비판의 대상이 되기도 하지만 미국 국민이 문제로 인식하지 않는 것은 그들이 철저히 법의 테두리 안에

유대인이 세운 기업 (구글, 페이스북, 인텔, 배스킨라빈스)

서 행동하기 때문입니다. 미국에서는 누구든지 자신의 이익을 위해 합법적으로 정치인에게 로비활동을 펼칠 수 있습니다. 따라서 로비 자금을 많이 확보한 쪽이 유리하기 마련이지요.

유대인이 동원할 수 있는 돈은 무한대에 가까울 정도로 많습니다. 구글, 페이스북, 던킨도너츠, 배스킨라빈스, 리바이스, 인텔, 마이크로 소프트, 20세기폭스, 파라마운트, 드림웍스 등 수많은 초우량 기업을 설립했거나 경영하기 때문이지요. 따라서 대통령을 비롯한 정치인들은 그들과 좋은 관계를 맺기 위해 노력할 수밖에 없습니다.

세계에 흩어져 있는 유대인들은 미국의 수도에서 정기적으로 열리는 AIPAC 정례 모임에 참가하고자 해마다 워싱턴 D.C.를 방문합니다. 나흘 동안 이어지는 행사 기간에 워싱턴 D.C.의 모든 호텔은 빈방이 없을 정도로 붐빕니다. 특히 워싱턴의 정치인들은 유대인에게 잘 보이기 위해 앞다투어 AIPAC 행사에 얼굴을 내밀려고 노력합니다. 연방 상·하원의원 535명 중 70%가 넘는 400명 이상이 AIPAC 행사에 모습을 드러내는데 이는 미국 대통령이 의회 합동 연설을 할 때나 가능한 숫자입니다.

이와 같이 미국 내 유대인이 일치단결해 정치권에 끊임없이 영향력을 행사하려는 데는 역사적인 교훈이 한몫 했습니다. 과거 유대인이 정부에 영향력을 미치지 못했을 때, 즉 거주 국가 정부가 유대인보호에 관심이 없었을 때 유대인은 한순간에 모든 것을 잃고 추방당하거나 죽임을 당했지요. 이를 교훈 삼아 미국의 유대인은 미국 정부에 지속적인 압박을 가하면서 자신들의 이익을 지켜나가고 있습니다.

금융 황제 로스차일드 가문

오늘날 세계 각지에 있는 유대인을 다 합치면 1,400만 명 정도 됩니다. 이들은 소수이지만 세계에서 가장 강력한 집단으로 많은 분야에서 막강한 영향력을 행사하고 있습니다. 그중 금융 산업에서는 타의 추종을 불허할 만큼 뛰어나지요. 오래전부터 미국의 유대인은 세계 금융의 심장으로 불리는 뉴욕의 월스트리트를 완전히 장악했습니다. 오늘날 유대인이 미국을 넘어 세계 금융시장을 장악하게 된 데는 로스차일드Rothschild 가문의 역할이 가장 컸습니다. 이 가문의 시작은 18세기 독일로 거슬러 올라갑니다.

금융왕국을 건설한 메이어 암셀 로스차일드

독일 프랑크푸르트에 살던 유대인 메이어 암셸 로스차일드Mayer Amschel Rothschild는 돈에 관해 탁월한 감각을 지녀 일찌감치 금융업으로 큰돈을 벌었습니다. 독일 금융시장을 석권한 로스차일드는 네 아들을 영국, 프랑스, 이탈리아, 오스트리아로 보내 국제 금융망을 구축했습니다. 이후 로스차일드의 아들들은 긴밀한 관계를 유지하며 유럽의 금융시장을 이끌어 갔습니다. 로스차일드 가문은 주식, 채권 등 금융상품으로 돈을 벌려면 무엇보다도 고급 정보가 중요하다고 판단해 각국의 지배계층과 인맥을 만드는 일에 심혈을 기울였지요. 정보력을 중시한 경영이념은 1815년 6월에 일어난 워털루Waterloo전투 때 진가를 발휘했습니다.

영국군과 나폴레옹 1세가 이끈 프랑스군은 벨기에 남동부에 있는 워털루에서 양국의 운명을 두고 일전을 벌이게 되었습니다. 군사전문가 대다수가 유럽 최강의 나폴레옹 군대의 승리를 예상하자 영국의 금융시장은 붕괴 직전까지 몰렸습니다. 로스차일드는 유럽의 미래를 좌우할 워털루전투의 향방을 알기 위해 정보원을 파견했지요.

1815년 6월 18일, 전투는 예상을 깨고 영국의 승리로 끝났습니다. 하지만 당시 통신수단이 발달하지 않아 바다 건너 영국인은 이 사실

워털루 전투

을 까마득히 모르고 있었습니다. 이때 정보원은 파발마와 쾌속 범선까지 동원해 영국의 승전 소식을 가져왔습니다. 덕분에 가장 먼저 정보를 알게 된 로스차일드 가문은 금융시장에 헐값으로 나온 채권을 쓸어 담았습니다. 얼마 후 승전 소식이 세상에 알려지자 로스차일드 가문은 막대한 시세차익을 보았습니다. 당시 로스차일드 가문이 위기를 이용해 단번에 거두어들인 수익은 2억 3,000만 파운드에 달하는데, 물가상승률을 고려해 현재 가치로 환산하면 최소 600억 달러가 넘는 막대한 금액입니다.

유럽을 넘어 세계 최대 갑부가 된 로스차일드 가문은 유럽 정부를 상대로 대부업을 하며 재산을 불려 나갔습니다. 로스차일드 가문은 모든 일 처리를 철저히 비밀에 부쳤기 때문에 재산 규모가 얼마나 되는지 정확히 아는 사람은 가족 외에 없었습니다. 그들이 군자금을 대주면 전쟁에서 승리할 수 있었습니다. 이와 반대로 손을 떼면 더는 전쟁을 치를 수 없을 정도였습니다. 19세기 유럽 각국 정부는 그 어느 나라의 정부보다도 돈이 많은 로스차일드 가문과 좋은 관계를 유지하기 위해 발버둥쳤습니다.

뉴딜정책과 맨해튼 프로젝트

세계 최강 미국 대통령이 가장 관심을 가지는 나라는 단연 유대 민족의 국가 이스라엘입니다. 이는 미국 내 유대인이 가진 막강한 힘

전세계 유대인들이 자발적으로 구성한 이스라엘군

때문이지요. 미국에 사는 유대인 대부분은 정작 이스라엘에 가본 적도 없지만, 아시아 서남부에 있는 이 나라에 상당한 애착이 있습니다. 그들은 이스라엘을 위해서라면 물불을 가리지 않습니다. 언젠가 돌아가야 할 고국으로 생각하기 때문이지요. 이스라엘과 아랍이 분쟁에 처하면 만사를 제쳐놓고 이스라엘로 달려갑니다. 1967년 6월 이스라엘과 아랍 연합군 사이에 3차 중동전쟁이 벌어지자, 수많은 미국 유대인이 이스라엘로 가는 비행기를 예약하는 바람에 항공편이 매진되는 사태가 발생했습니다.

미국 유대인의 이스라엘에 대한 사랑은 평상시에도 크게 다르지 않습니다. 해마다 수많은 유대인 청년이 자원입대하기 위해 이스라엘로 향합니다. 그들은 이스라엘군의 입영 대상자가 아니지만 남자 3년, 여자 2년의 긴 복무 기간을 감수하지요. 현역 복무를 무사히 마친 미국 유대인은 예비군으로 분류되며, 만약 이스라엘에 문제가 발생할 경우 만사를 제쳐두고 기꺼이 참전합니다. 또 방송, 신문, 잡지, 인터넷 등 유대인 소유 대중매체를 동원해 이스라엘에 우호적인 기사를 쏟아 내며 유리한 분위기 조성에 나섭니다.

유럽에 비해 미국은 돈이 훨씬 많이 드는 고비용의 정치 구조를 가지고 있습니다. 유대인들은 이 점을 잘 활용하고 있지요. 월스트리트의 유대인 금융가들은 매년 5,000만 달러 이상의 돈을 워싱턴 정계에 뿌립니다. 대선을 위해 필요한 수십억 달러의 선거자금 중 60% 이상이 유대인의 주머니에서 나옵니다. 따라서 미국 대통령이 되고자 하는 정치인은 유대인을 의식할 수밖에 없습니다.

유대인에게 적대적이던 워런 하딩 대통령

미국 유대인의 힘이 처음부터 오늘날처럼 막강했던 것은 아닙니다. 20세기 이전까지만 하더라도 영향력이 그다지 크지 않아서 오늘날 같이 정치인에게 좋은 대우를 받지는 못했습니다. 특히 역대 대통령 중 제29대 워런 하딩은 유대인을 싫어했습니다. 19세기 말과 20세기 초에 제정 러시아를 비롯한 동유럽 지역에서 유대인이 쏟아져 들어오자, 워런 하딩은 이민법을 개정해 유대인의 신규 유입을 막으려고 했지요. 이러한 정치권의 움직임에 학계도 동조해 하버드 대학을 비롯해 예일, 컬럼비아, 프린스턴 등 미국의 명문대학이 일제히 유대인의 입학을 제한했습니다. 아이비리그로 불리는 명문대학을 유대인이 석권할지 모른다는 우려 때문이었지요.

20세기 초 반反유대주의 물결로 유대인이 궁지에 몰렸을 때 프랭클린 루스벨트가 제32대 대통령으로 당선되면서 큰 도움을 주었습니다. 프랭클린 루스벨트는 어린 시절부터 유대인과 접할 기회가 많았습니다. 유대인이 많이 사는 뉴욕 출신이었기 때문이지요. 그는 미국 사회에 만연한 편견과 달리 유대인이 현명하며 정직하다는 것을 알고 있었습니다. 또 국가의 발전을 위해서는 유대인을 배척할 것이 아니라 오히려 그들의 능력을 적극적으로 활용해야 한다고 생각했습니다.

1933년, 루스벨트는 대통령 자리에 올라 능력 있는 유대인을 적극적으로 등용하여 미국을 개조해 나갔습니다. 당시 미국은 1929년 대공황으로 인해 경제적으로 붕괴된 상태였습니다. 그는 경제를 되살리기 위해 공공사업 부문의 확대와 복

유대인에게 호의적이던 프랭클린 루스벨트 대통령

원자폭탄 개발의 핵심 원리를 제공한
아인슈타인

원자폭탄 개발에 큰 기여를 한
천재물리학자 엔리코 페르미

지제도 강화를 중심축으로 한 뉴딜정책을 적극적으로 추진했는데, 이때 유대인 엘리트 관료들이 큰 역할을 했습니다. 뉴딜정책은 소련에서 사회주의를 경험한 유대인이 미국식 자본주의에 사회주의적 요소를 가미해 창조해 낸 수정자본주의 정책이었지요. 이는 경제 개입 최소화를 지상 목표로 삼아 왔던 미국 정부의 정책을 뒤집는 혁신적인 발상이었습니다.

1939년 히틀러가 제2차 세계대전을 일으키고 유대인을 대량 학살하자, 미국 유대인은 원자폭탄 개발에 앞장섰습니다. 전쟁을 조기에 승리로 이끌고 박해받는 유대인을 해방시키기 위해서였지요. 독일 출신의 물리학자 아인슈타인은 루스벨트 대통령에게 편지를 보내 원자폭탄 개발의 당위성을 설명했습니다. 이에 루스벨트는 국력을 총동원해 원자폭탄 개발에 나섰습니다. 이탈리아 출신의 노벨 물리학상 수상자 엔리코 페르미를 비롯해 유럽에서 망명한 유대인 과학자들이 '맨해튼 프로젝트'로 불린 원자폭탄 개발 프로그램에 대거 참여했습니다. 그리고 마침내 성공했습니다. 원자폭탄을 완성하기 전에 패망한 독일에는 사용할 기회가 없었지만, 끝까지 저항한 일본은 1945년 8월 15일 원자폭탄 두 방에 항복했습니다. 이후로도 미국의 유대인 과학자들은 노벨상을 독식하다시피 하며 미국 과학계를 세계 정상에 올려놓았습니다. 이와 같이 미국의 유대인은 적대적인 주변 환경을 오로지 실력으로 극복해 미국 사회의 주류에 올랐습니다.

유대인 세력에 대한 오바마의 도전

프랭클린 루스벨트 대통령 이후 등장한 미국 대통령들은 점점 영향력이 커지는 유대인과 좋은 관계를 유지하기 위해 노력했습니다. 금융에 밝은 유대인들은 연방준비제도나 재무부 고위직에 대거 진출하면서 미국 경제를 움직였습니다. 그런데 제44대 대통령 버락 오바마는 이전의 대통령과 달리 이스라엘을 일방적으로 두둔하지는

이스라엘과 일정한 거리를 두려 했던 버락 오바마

반미 이란 종교 지도자 호메이니

않았습니다. 물론 대통령 후보 시절까지는 장차 대통령에 당선 되면 기존의 친이스라엘 정책을 유지하겠다고 선언해 유대인의 전폭적인 지지를 끌어냈습니다. 그러나 막상 대통령에 당선되자 균형 잡힌 외교정책을 실천해 나갔지요.

　균형외교를 위한 오바마의 첫 도전은 이란의 핵 문제였습 니다. 여기서 잠깐 미국과 이란 의 관계를 들여다볼까요? 1979년 이란에서 이슬람 혁명이 일어나기 전까지 이란은 중동의 몇 안 되는 친미국가였습니다. 그런데 당시 이 란 왕실은 미국을 등에 업고 국민을 탄압하는 데 앞장서 민심을 완전 히 잃어버렸지요. 이에 이슬람 지도자 호메이니Ayatollah Ruhollah Khomeini는 이슬람 종교혁명을 일으켜 이란 왕실을 무너뜨린 후 왕실의 강력한 후원 세력이었던 미국에 맞서고자 했습니다. 그가 선택한 것은 갑작 스러운 석유 수출 중단이었지요. 유가가 폭등하자 미국을 비롯한 세 계 경제가 엄청난 타격을 입었습니다. 1989년 호메이니가 죽은 후에 도 이란은 미국과 대립했습니다. 1990년대에 들어서자 이번에는 비 밀리에 핵 개발에 나섰지요. 이에 미국은 강력한 경제제재를 가하여 이란을 옥죄었고, 이슬람과 적대 관계인 이스라엘도 미국과 긴밀한 협력 관계를 유지했습니다.

미국의 유대인은 정부가 나서서 군사적 행동 등 모든 수단을 동원해 이스라엘 안보를 지켜야 한다고 주장했습니다. 역대 미국 대통령들은 이스라엘 모르게 중동 국가와 비밀협상 하는 일을 꺼렸습니다. 하지만 오바마는 앞에선 이란의 핵 개발을 강력히 비판하고 뒤로는 물밑 협상을 벌였습니다. 2015년 7월, 마침내 그는 이란과 합의하는 데 성공했습니다. 이란은 기존에 추진하던 핵 개발 프로그램을 포기하지는 않겠지만 대신 대폭 줄이고 국제원자력기구IAEA의 사찰을 받는다는 조건으로 미국의 경제봉쇄에서 벗어났습니다. 미국 유대인과 이스라엘은 우려를 표했습니다. 미국이 이란의 도발을 원천적으로 봉쇄하지 못한다면 언젠가 핵무기 개발에 성공해 이스라엘을 공격하리라는 불안감 때문이었습니다.

오바마가 미국의 유대인과 이스라엘의 심기를 건드린 것은 이뿐만이 아니었습니다. 1948년, 이스라엘은 건국을 선포하며 팔레스타인 땅에 나라를 세웠습니다. 그러자 오랜 세월 이곳에 뿌리를 내리고 살던 이슬람 민족들과의 분쟁이 끊이지 않았지요.

1967년 제3차 중동전쟁에서 승리한 이스라엘은 요르단강 서안과 팔레스타인 남서단에 있는 가자지구를 무력으로 점령했습니다. 그리고 그곳에 대규모 유대인 정착촌을 만들기 시작했지요. 게다가 정착촌에 사는 주민을 보호한다는 명분으로 점령 지역에 높이가 8m도

유대인을 보호하기 위해 만든 분리장벽

넘는 거대한 보안장벽*을 만들었습니다. 특히 오래전부터 자주 마찰을 빚어왔던 가자지구는 완전히 봉쇄해 버렸습니다. 바닷가를 제외한 가자지구의 모든 지역이 보안장벽으로 둘러싸이자 팔레스타인 사람들은 세계에서 가장 큰 감옥에 살게 되었습니다.

가자지구는 유럽 각 지역에서 중세 이후 유대인을 강제 격리하기 위해 만든 게토와 다를 것 없는 곳이 되었지요. 이스라엘은 장벽 곳곳에 감시용 초소를 세우고 비디오카메라, 드론, 위성 감시시스템 등을 동원해 팔레스타인 사람들의 일거일동을 감시했습니다. 이처럼 이스라엘 정부가 팔레스타인 사람들을 포로나 죄수 취급하자, 이들

---

* 팔레스타인은 '분리장벽'이라 부르며 팔레스타인 땅을 잠식하려는 계략으로 본다.

이스라엘에 분노하는 팔레스타인 사람들

의 격렬한 시위가 끊임없이 발생했지요. 그때마다 이스라엘은 가자 지구에 공급하던 수돗물과 전기를 끊으며 팔레스타인 사람들이 고통을 느끼도록 했습니다. 이에 팔레스타인 사람들은 분리 독립을 끊임없이 요구했지만, 이스라엘은 전혀 받아들이지 않았습니다.

인권 침해의 소지가 다분한 이스라엘의 유대인 정착촌 문제는 UN 국제연합의 단골 이슈였습니다. 하지만 미국이 이스라엘 편에 서면서 문제해결의 실마리를 찾기가 쉽지 않았습니다. 국제사회를 대표하는 유엔안전보장이사회에서 유대인 정착촌 철수를 요구하는 안건을 표결에 부칠 때마다 미국은 거부권을 행사해 안건 통과를 막았습니다. 상임이사국 중 한 국가라도 거부권을 행사하면 해당 안건은 부결되기 때문에 모든 나라가 찬성하더라도 미국이 동의하지 않으면 그것

네타냐후와 사이가 껄끄러웠던 버락 오바마

으로 끝이었습니다. 이렇듯 미국은 유엔안전보장이사회에서 이스라엘에 조금이라도 불리한 안건이 상정되면 무조건 거부권을 행사했습니다.

하지만 오바마는 여느 미국 대통령과 달리 대통령이 되기 이전부터 이스라엘의 유대인 정착촌과 보안장벽에 대해 부정적인 견해를 가지고 있었습니다. 그는 이스라엘을 비롯해 미국 유대인의 격렬한 반감을 살 것을 알면서도 팔레스타인을 독립 국가로 인정하려고 했습니다. 오바마가 뜻을 굽히지 않자 팔레스타인 문제를 두고 미국 유대인과 오바마는 완전히 등을 돌리게 되었습니다.

오바마 대통령의 임기 종료를 한 달 앞둔 2016년 12월, 유엔안전보장이사회는 이스라엘의 유대인 정착촌을 '명백한 국제법 위반'으로 규탄하는 결의안을 표결에 부쳤습니다. 이스라엘과 미국의 유대인은 지금까지의 관례대로 미국이 유엔안전보장이사회에서 반대표를 던질 것으로 기대했지요. 그러나 오바마의 지시를 받은 미국 대표는 회의장에서 기권했습니다. 투표에 참여한 유엔안전보장이사회 15

개 이사국 중 미국을 제외한 14개국이 모두 찬성표를 던짐으로써 찬성 14, 반대 0, 기권1이라는 뜻밖의 결과가 나왔고, 마침내 유엔안전보장이사회 결의안이 통과되었습니다.

결의안이 통과되자 전 세계 유대인은 큰 충격을 받았습니다. 이스라엘의 총리 베냐민 네타냐후Benjamin Netanyahu는 "오바마 행정부는 국제사회의 집단공격으로부터 이스라엘을 보호하지 않았고 적들과 공모해 야비하게 뒤에서 공격했다."라며 노골적인 비난을 쏟아 냈습니다. 사실 이스라엘의 주장과 상관없이 유대인 정착촌 건설은 명백히 국제법 위반이었습니다. 오바마는 국제법과 인류 보편적 양심에 따라 표결에 임했지만, 이스라엘과 미국 유대인의 미움을 살 수밖에 없었습니다. 반면에 팔레스타인을 비롯한 아랍 세계는 오바마의 선택을 열렬히 환영해 대조를 이루었습니다.

유대교로 개종한 트럼프의 딸

오바마는 집권 기간 내내 이스라엘과 불편한 관계를 유지했습니다. 이는 동시에 미국 유대인과도 불편한 관계가 되었음을 의미했습니다. 미국의 유대인은 전통적으로 민주당을 지지합니다. 공화당이 기본적으로 개신교를 믿는 백인 중심의 정당이기 때문에 좀 더 개방적인 민주당을 선호하는 것이지요. 하지만 민주당 출신 대통령 오바마기 이스라엘과 소원한 관계를 만들자, 대통령 자리 탈환을 노리던 공화당은 이를 대선 승리를 위한 도구로 활용했습니다.

유대인 남편을 따라 유대교로 개종한 이반카 트럼프

트럼프의 유대인 사위 재러드 쿠시너

2016년에 치러진 제45대 대통령 선거에서 공화당 대선 후보였던 도널드 트럼프는 대통령 선거 유세 기간 내내 친親이스라엘 행보를 보였습니다. 그는 유대인이 모인 곳에 갈 때마다 오바마의 중립적인 외교정책을 신랄히 비판하며 자신이 대통령이 되면 예전처럼 철저히 이스라엘 편에 서겠다고 약속했습니다.

트럼프는 히스패닉이나 흑인에 대해 인종 차별적인 발언을 서슴지 않으면서 유대인에 대해서는 매우 호의적이었습니다. 트럼프의 장녀 이반카Ivanka는 정통 유대교 신자와 결혼한 후 유대교로 개종해 관심을 끌기도 했지요. 아들 역시 유대인과 결혼해 트럼프는 유대인과 떼려야 뗄 수 없는 관계가 되었습니다. 특히 맏사위 재러드 쿠시너Jared Kushner는 하버드 대학 출신의 억만장자로서, 성공한 유대인의 전형이었습니다. 그는 트럼프의 최측근 선거 참모로서 대선 기간에 큰 역할을

유대인이 장악한 월스트리트와 긴밀한 관계를 맺고 있던 클린턴 부부

했습니다. 장인의 대선 승리를 위해 유대인 사회를 움직이는 일에 앞
장선 쿠시너는 많은 유대인 단체를 일일이 찾아다니면서 트럼프에
대한 지지를 호소했습니다. 자신이 나치 독일의 유대인 대학살 당시
살아남은 생존자의 손자임을 내세우면서 유대인들의 호감을 얻었습
니다.

오바마의 후임으로 등장한 민주당의 힐러리 클린턴 역시 사위를
유대인으로 맞으며 유대 사회와 좋은 관계를 유지하기 위해 노력했
습니다. 하지만 그녀는 유대인으로부터 너무 많은 돈을 받아 챙겨 선
거 기간 내내 비난을 면치 못했지요. 힐러리의 남편 빌 클린턴은 미
국 제42대 대통령으로 재임 기간 여러 가지 소송에 휘말려 변호사
비용으로 엄청난 돈을 지출했습니다. 2001년 클린턴 부부가 백악관

을 떠날 때 재산은 고사하고 빚만 1,100만 달러에 달해 거의 파산 직전에 이르렀습니다. 영부인이었던 힐러리 클린턴은 뉴욕주 연방 상원의원과 오바마 행정부의 국무 장관직을 거치는 등 대통령을 목표로 하는 행보를 보였습니다. 그녀가 대권에 야심을 드러내자 월스트리트의 유대계 금융가들은 그녀를 자신의 편으로 만들기 위해 정치 자금을 제공했습니다. 힐러리 클린턴은 그들이 마련한 자리에 나가 한 번에 20만 달러의 강연료를 챙겼습니다. 클린턴 부부가 2001년부터 2016년까지 15년 동안 벌어들인 돈은 무려 2억 달러 이상이었습니다. 수입 대부분은 월스트리트 금융가에서 흘러나온 돈이었지요.

트럼프는 힐러리 클린턴이 강연료 명목으로 큰돈을 거두어들인 것을 좋은 공격 거리로 삼았습니다. 그는 선거 전략의 하나로 "힐러리가 대통령에 당선될 경우 월스트리트 억만장자의 이익 수호에만 힘쓸 뿐, 서민에게는 관심조차 두지 않을 것이다."라는 말을 퍼뜨리고 다녔습니다. 궁지에 몰린 힐러리 클린턴은 "대통령에 당선되면 월스트리트 억만장자들에게 더욱 많은 세금을 물려 그 돈으로 서민 복지를 늘리겠다."라는 공약을 발표했지만, 그 말을 믿는 사람은 많지 않았습니다. 그녀가 금융 재벌에게 이전보다 훨씬 많은 세금을 매기겠다고 말하면서도 계속해서 그들로부터 정치 후원금을 받았기 때문이지요. 게다가 오바마 대통령의 중립적인 이스라엘 정책으로 인해 월스트리트의 잘나가는 유대인 금융가를 제외하고는 예전처럼 유대인의 전폭적인 지지를 끌어내지는 못했습니다.

친이스라엘 정책으로의 회귀

2016년 대선에서 트럼프는 힐러리를 누르고 미국의 제45대 대통령에 당선되었습니다. 트럼프는 제일 먼저 오바마가 재임 기간에 추진했던 중립적인 중동 정책을 폐기했습니다. 그는 당선 직후 극단적인 친이스라엘주의자 데이비드 프리드먼David M. Friedman을 이스라엘 대사로 임명해 논란을 일으켰습니다.

프리드먼은 유대인 정착촌 건설을 적극적으로 찬성하는 인물입니다. 그는 예전부터 오바마를 두고 '이스라엘을 싫어하는 뻔뻔스러운 반유대주의자'라는 비난을 서슴지 않았습니다. 더구나 텔아비브Tel Aviv에 있는 미국 대사관을 예루살렘으로 옮겨야 한다고 주장해 아랍권과의 갈등을 부추겼습니다. 원래 각국의 대사관은 그 나라의 수도에 들어서는 것이 관례이지만 이스라엘은 다릅니다. 이스라엘의 헌법상 수도는 예루살렘이지만 미국을 비롯한 세계 각국은 예루살렘이 아닌 텔아비브에 대사관을 둡니다. 텔아비브는 행정상의 수도인 것이지요. 이는 예루살렘이 이스라엘의 수도이기 전에 유대교, 기독교, 이슬람교의 성지이기 때문입니다.

2,000년 전 로마 제국에 의해 파괴되기 전까지만 하더라도 솔로몬이 세운 예루살렘 성전은 유대인의 자부심이었습니다. 어느 시대를 살

트럼프가 임명한 유대인 출신 이스라엘 대사
데이비드 프리드먼

무슬림의 성지인 황금돔 사원

든지 어디에 있든지 그들에게 이 성전은 삶의 중심이었습니다. 불행
중 다행으로 예루살렘 성전의 서쪽 벽은 완전히 파괴되지 않고 현재
도 남아 '통곡의 벽'이라 불리며 유대인들의 성지가 되었습니다. 이
스라엘을 방문한 유대인은 통곡의 벽 앞에서 흐느끼며 과거 유대인
이 당한 핍박을 떠올립니다. 기독교 성지로서의 예루살렘은 예수가
십자가를 지고 걸었던 길과 그의 무덤이 있는 곳입니다. 예루살렘을
방문한 기독교도는 십자가의 길을 걸으며 그 당시 예수가 겪었던 고
통과 숭고한 희생을 떠올리며 눈물을 흘립니다. 황금돔 사원과 알아
크사Al-Aqsa 사원이 있는 예루살렘은 이슬람교 창시자 무함마드가 승
천한 곳으로서 이슬람교 3대 성지 가운데 하나입니다.

이처럼 예루살렘은 유대교, 기독교, 이슬람교의 성지이기 때문에

통곡의 벽에서 기도하는 유대인

언제든지 종교적 갈등에 휩싸일 수 있는 화약고 같은 곳이지요. 따라서 각국은 예루살렘 대신 텔아비브에 대사관을 설치했습니다. 이스라엘은 건국 이후 줄기차게 예루살렘이 자국의 수도라고 주장했지만, 국제사회의 생각은 달랐습니다. 1980년 유엔은 예루살렘을 수도로 정한 이스라엘 정부의 결정이 무효라는 결의안을 통과시켰습니다. 즉 유대인의 '예루살렘 독점소유권'을 인정하지 않은 것입니다.

하지만 트럼프는 선거 유세 기간에 예루살렘을 이스라엘의 수도로 인정하면서 일방적으로 유대인 편을 들었습니다. 이를 위해 텔아비브의 대사관을 예루살렘으로 이전하겠다는 공약을 내세웠고 자신과 뜻을 같이하는 데이비드 프리드먼을 이스라엘 대사로 기용한 것입니다. 또 그는 2016년 12월에 미국의 기권으로 통과된 '유대인 정착촌을 규탄하는 유엔안전보장이사회 결의안'을 비판하며 이스라엘 편을

이스라엘을 방문해 네타냐후 총리에게 친근함을 표시하는 트럼프

들었습니다.

　노골적인 친이스라엘 성향의 트럼프가 대통령이 되자 신나는 것은 이스라엘 정부였습니다. 네타냐후 이스라엘 총리는 트럼프의 사위 쿠시너와 밀접한 관계를 유지하며 트럼프를 친이스라엘 세력으로 만드는 데 성공했습니다. 이스라엘과 극심한 갈등을 빚었던 오바마와 달리 트럼프는 당선되자마자 재무부 장관을 비롯한 경제 분야의 고위 요직에 월스트리트 출신 유대인을 대거 임명했지요. 미국 경제를 쥐락펴락하는 유대인에게 잘 보이려고 노력했습니다. 이로써 2016년 대선에도 미국에서 누가 대통령이 되든지 '슈퍼리치'로 불리는 유대인의 경제력을 이길 수 없다는 사실이 그대로 드러났습니다.

유대인 교육의 힘

1948년에 이스라엘이 건국되자 전 세계에서 유대인이 몰려왔는데 서로의 모습을 보고 놀라지 않을 수 없었습니다. 2,000년 전 로마 제국에 의해 유대인이 아시아, 아프리카, 유럽, 남미 등 세계 각지로 흩어지면서 현지인과 광범위한 혼혈이 이루어졌기 때문이지요. 디아스포라 이전까지 유대인은 단일민족으로서 비슷한 외모를 가지고 있었지만 너무나 오랜 세월 흩어져 살면서 사뭇 다른 외모를 갖게 되었습니다. 유럽 출신 유대인은 푸른 눈에 금발이었고 아프리카 출신 유대인은 흑인 원주민의 용모를 지녔습니다. 인종적 특성으로는 민족 정체성을 확인할 수 없게 되자 유대인에 대한 새로운 기준을 제시해야 했습니다. 이때 등장한 것이 종교입니다. 피부 색깔이 달라도 종교가 유대교라면 누구라도 유대인으로 인정하기로 한 것입니다.

유대인의 필독서인 탈무드

유대교를 믿는다는 것에는 많은 의미가 담겨 있습니다. 유대교 신자가 되려면 우선 유대 민족의 고유 언어인 히브리어를 할 줄 알아야 합니다. 또 유대교 주요 경전인 「모세 5경」, 「탈무드」 등 유대 민족과 관련된 각종 서적을 공부해야 하며 각종 율법을 철저히 지켜야 합니다. 유대인의 범위를 종교 공동체로 크게 넓히다 보니 이들과 피가 섞이지 않은 일본인이 개종한 후 정식 유대인으로 인정받는 일도 벌어지곤 합니다.

전 세계 어디에 살든지 유대인에게는 몇 가지 공통점이 있습니다. 그들이 무엇보다도 중시하는 것은 바로 교육입니다. 유대인이 지나온 발자취는 탄압과 박해의 역사였습니다. 특정 지역에 정착한 유대인이 먹고살 만해지면 이를 시기한 원주민은 여지없이 강제력을 동원해 그들을 추방했습니다. 그동안 힘들게 이룬 것을 다 잃고 맨몸으로 쫓겨나야 했던 유대인은 다른 곳에서의 정착을 위해 남이 절대로 빼앗을 수 없는 지식을 쌓는 데 사활을 걸었습니다.

유대인은 자신이 믿는 신에 대해 자녀에게 가르치는 것을 부모에게 주어진 신성한 의무라 믿습니다. 그런데 유대인의 교육철학은 다른 민족의 교육 방식과는 다른 점이 많습니다. 유대인 부모는 자녀를 사회적으로 성공한 사람으로 만들기 위해 노력하는 것이 아니라 '온전한 인격체'로 키워내는 것을 목표로 삼습니다. 유대교 경전에 따르면 자녀는 부모의 소유물이 아니라 신이 잠시 맡겨 놓은 귀한 선물이기 때문에 부모가 '온전한 인격체'로 만들어 신에게 돌려줘야 하는 의무가 있습니다. 그러므로 부모의 뜻을 자녀에게 강요하는 것이 아니라 자녀의 적성을 최대한 살려주는 교육을 해야 합니다. 다시 말해 유대인은 자녀가 학교에서 일등을 하는 것을 목표로 삼지 않는다는 것이지요. 사람마다 각자 적성이 다르기 때문입니다.

유대인 부모는 학교 공부에 재능이 없는 사람이라도 다른 분야에 소질이 있기 마련이라고 믿으며 자녀의 타고난 잠재력을 찾는 데 주안점을 둡니다. 이때 자녀의 지적 호기심이 나쁜 것만 아니라면 부모는 간섭하지 않는 것을 원칙으로 합니다. 그들은 자녀를 이끌어 가는 것이 아니라 주로 뒤에서 밀어주는 역할을 합니다. 이로 인해 자녀는 창의적인 사람으로 성장하게 되지요.

영화감독 스티븐 스필버그와 페이스북 창업주 마크 저커버그를 보

부모의 전폭적인 후원으로 유명 영화감독이 된 스필버그

면 유대인 교육의 특성을 잘 알 수 있습니다. 어릴 적 스티븐 스필버그는 학업보다 영화에 관심을 보였습니다. 그의 부모는 당시로는 매우 값비싼 비디오카메라를 사주었고 장차 최고의 영화감독이 될 수 있을 것이라는 격려도 아끼지 않았습니다. 스필버그는 성장 과정 중 다른 학생에 비해 학업에 대한 스트레스가 훨씬 적었기 때문에 영화에 관한 상상의 나래를 마음껏 펼칠 수 있었습니다. 10대 시절부터 마음껏 영화 시나리오를 쓰고 직접 제작하는 기회를 가졌던 스필버그는 훗날 부모의 말대로 세계 최고의 영화감독으로 우뚝 섰습니다. 마크 저커버그의 부모는 모두 유능한 의사였는데 내심 아들도 의사가 되기를 원했습니다. 하지만 어린 저커버그가 소프트웨어 분야에 관심을 보이자, 체계적으로 컴퓨터 프로그래밍을 배울 수 있도록 11살 때 해당 분야의 전문가를 개인 교사로 채용했습니다. 또 아들이 고교 시절에 창업을 꿈꾸자 이를 돕기 위해 창업과 관련된 강좌에 데리고 다니기도 했습니다.

이와 같이 유대인 부모는 자녀가 소질을 꽃피워 해당 분야에서 일인자가 되거나 새로운 분야를 개척하는 사람이 되기를 원합니다. 즉, 또래가 모인 학교에서 공부만 열심히 해서 일등을 하는 것보다는 남이 가지 않은 길을 개척해 일류 인간이 되기를 원합니다.

교육이 부모만의 의무가 아니라 공동체의 의무이기도 하다는 점 또한 다른 민족과는 확연히 구분됩니다. 신의 명령에 따라 유대 민족은 마을에 고아가 생기면 힘을 합쳐 가르쳐야 합니다. 율법에 따라서 성인 10명의 유대인이 사는 곳에는 유대교 회당인 시나고그를 만들어야 합니다. 시나고그에서 유대교 성직자이자 선생인 랍비가 교육합니다. 또 유대인은 세상 어디에 살든지 방과 후 학교인 히브리학교를 열어 아이들에게 유대인으로서의 정체성을 갖도록 교육합니다. 히브리학교에서는 유대 민족의 고유 언어인 히브리어와 지혜의 서적 「탈무드」는 물론이고 정규 교육 과정에서 배울 수 없는 다양한 지식을 가르쳐 아이들에게 지혜와 도전정신을 심어줍니다. 새로운 길을 개척하는 것을 최고의 미덕으로 삼는 유대인식 교육 덕분에 인류 역사 발전에 큰 획을 그은 위대한 유대인이 수없이 등장했습니다.

과학적 공산주의를 창시한 카를 마르크스, 매독을 퇴치한 파울 에를리히, 20세기 미국 최고의 외교관으로 평가받는 헨리 키신저, 현대 사회의 인간소외 문제를 다룬 소설가 프란츠 카프카, 반전 음악가 출신의 노벨 문학상 수상자 밥 딜런, 구글의 창업주인 래리 페이지와 세르게이 브린, 마이크로소프트의 공동 창업자 폴 앨런, 정신분석학의 대가 지그문트 프로이트, 터키의 국부로 칭송받는 무스타파 케말 아타투르크 초대 대통령, 메이저리그 최고의 투수 클레이튼 커쇼, 영화배

과학적 공산주의를 주장한 칼 마르크스

우 톰 크루즈 등 셀 수 없이 많은 유대인이 새로운 분야를 개척하거나 기존의 분야에서 뚜렷한 업적을 남겼습니다.

특히 창의력이 가장 중요한 영화산업 분야에서 유대인의 활약은 놀라울 정도입니다. 유대인은 MGM, 20세기 폭스, 파라마운트 등 월트디즈니를 제외한 모든 메이저 영화사를 설립하며 할리우드 신화를 창조했습니다. 방대한 독서를 하는 유대인은 다른 민족보다 새로운 생각을 할 수 있는 여건이 잘 갖추어져 있기 때문입니다. 또 유대인은 세계 인구의 0.2%에 불과한 소수민족임에도 노벨상 수상자의 20% 이상을 배출했습니다. 이 같은 현상을 두고 전문가들은 유대인만의 독특한 교육의 힘이라고 말합니다.

미국 유대인이 맞이하는 새로운 위기

세계 1,400만 명의 유대인 중 절반 가까이가 미국에 모여 삽니다. 유대인은 정착 초기의 수많은 역경을 극복하고 오늘날 미국 사회의 최상층을 장악하고 있습니다. 오늘날 미국 인구의 2%에 지나지 않는 유대인이 하버드, 예일, 스탠퍼드, 프린스턴 등 미국을 대표하는 명문대학 입학생의 25~30%가량을 차지하면서 앞으로도 유대인이 미국 사회의 지배층으로 남을 가능성이 크다는 점을 예측할 수 있습니다.

특히 유대인은 법률 분야에서 독보적인 활약을 보이며 법치주의 미국에서 큰 영향력을 행사하고 있습니다. 이는 계약을 중시하는 유대인의 문화에서 비롯되었지요. 그들이 목숨처럼 따르는 유대교는

정신분석학을 개척한
지그문트 프로이트

유대인 여성 중 처음으로 연방대법관이 된
루스 베이더 긴즈버그

십계명을 비롯해 율법을 매우 중시합니다. 구약성경에는 유대인이 할 수 있는 것과 하지 못하는 것을 자세히 규정한 613개의 율법이 쓰여 있는데, 유대인은 모든 계명을 외워서 일상생활에서 실천합니다.

매년 미국 전역에 있는 로스쿨에서 수많은 졸업생이 배출됩니다. 이들은 능력에 따라 시작부터 다른 길을 걷게 되지요. 최고의 엘리트 코스인 대법원 재판연구원에 도전하려면 어느 정도의 실력을 갖춰야 할까요? '톱텐top10'이라고 불리는 명문 로스쿨 졸업생은 3등 이내에 들어야 합니다. 대학 순위 11위에서 20위까지의 로스쿨은 수석 졸업생만 도전할 수 있지요. 그런데 로스쿨 졸업 후 대법원 재판연구원으로 선발되는 유대인 수가 다른 민족에 비해 월등히 많습니다. 해마다 뽑는 대법원 재판연구원의 30% 이상이 유대인입니다. 이는 그들이 법률 분야에 탁월한 능력이 있음을 보여주는 여실한 사례이지요. 시작부터 남다른 유대인들은 고속 승진을 거듭하며 법원과 검찰청 등 법조계에서 요직을 독식하고 있습니다.

미국 사회에서 최고의 권위를 자랑하는 연방 대법관 9명 중 2~3명은 항상 유대인이 차지하는데, 이는 인구 대비 압도적인 비율입니다. 대형 로펌도 대부분 유대인 소유로서 '큰 재판에서 이기려면 유대인 변호사를 써야 한다.'는 것이 상식처럼 되어 있습니다. 유대인은 로스쿨뿐 아니라 미국인이 선호하는 의학전문대학원, 경영대학원에도 대거 진학해 졸업 후 의사, 경영자로서 미국 주류 사회를 이끕니다.

이민 초기에 미국 백인은 유대인이 자신의 동네로 이사 오는 것조

기부를 위해
유대인 집집마다 마련된
저금통

차 원하지 않았습니다. 유대인이 회당을 세우려고 하면 짓지 못하도록 온갖 훼방을 놓았습니다. 하지만 유대인이 사회 모든 분야에서 큰 성공을 이루면서 지금은 유대인과 같은 동네에 사는 것을 자랑스럽게 여깁니다. 어떤 도시를 가도 유대인은 최상류층이 모여 사는 부촌에 많이 살고 있습니다.

소수민족인 유대인은 미국을 주름잡고 다니지만 활발한 기부활동을 통해 주변의 시선을 호의적으로 만듭니다. 유대인 가정마다 저금통이 있어 돈이 차면 가난한 사람들을 위해 기부합니다. 유대인은 어릴 때부터 부모가 기부를 위해 마련한 저금통에 돈을 넣는 것을 보고 자라기 때문에 성인이 되어서도 자연스럽게 기부 행렬에 동참합니다. 유대인은 돈을 쓸데없이 낭비하지 않는 검소한 민족인 것은 틀림없지만 수전노는 아닌 것이지요. 유대교 율법에 따라 기부는 반드시 지켜야 할 의무입니다. 율법에는 소득의 10%를 기부하라고 했기 때문에 그들은 경제적으로 풍요롭지 않더라도 최소한 10% 기부에 무조건 동참합니다. 율법에 따르면 주는 사람이 누구인지도, 받는 사람이 누구인지도 모르는 상태가 최고의 선행이기 때문에 익명으로 기부하는 경우가 많습니다.

유대인은 미국 내 모든 민족 중 가장 많은 기부를 하는 것으로 정평이 나 있습니다. 그들은 가톨릭이나 개신교 행사에도 후원금을 많이 내고 있고 경제적으로 어려운 민족을 돕기 위해 기꺼이 지갑을 열고 있습니다. 이와 같이 유대 민족은 지금까지 쌓아 온 부와 권력을 지키는 데 기부활동을 적절히 활용하면서 주변의 따가운 시샘에서 벗어날 수 있었습니다.

하지만 유대인에게 천국이나 다름없는 미국 생활은 이제까지 경험해 보지 못한 새로운 위기를 만들어 내고 있습니다. 오늘날 유대인이 다른 민족에 비해 강한 정체성을 갖게 된 것은 모진 핍박의 결과입니다. 역사적으로 그들은 박해를 이겨내기 위해 하나로 뭉쳐 왔지요. 그러나 오늘날 미국에서 유대인에 대한 박해란 존재하지 않습니다. 처음으로 아무런 고민 없이 미국에서 안락한 생활을 할 수 있게 되자 유대인은 유대교와 점점 거리가 멀어지고 있습니다. 젊은 유대인일수록 신나는 것이 넘쳐나는 미국 문화에 빠져 종교적인 생활과 거리를 두고 있습니다. 많은 수의 유대인이 다른 종교를 가진 사람들과 결혼하면서 개종하거나 종교를 포기하는 일이 잦아지고 있고, 그들의 자녀는 보통의 미국인으로 사는 경우가 허다합니다. 따라서 지금과 같은 추세가 이어지면 언젠가는 율법을 철저히 지키는 유대인이 더는 존재하지 않을지도 모른다는 우려가 유대 사회에서 커지고 있습니다.

차별받는
에티오피아계 유대인

수천 년 전부터 세계에 흩어져 살아온 유대인은 이제 유전적인 공통점을 찾기가 힘들다. 유럽으로 이주한 유대인은 백인과 섞이면서 외형적으로는 백인의 모습을 갖게 되었다. 중동 지역으로 진출한 유대인은 아랍인의 용모를 띠게 되었고 중국으로 건너간 유대인은 동양인의 외형을 갖게 되었다. 다만 오늘날 미국 사회를 주름잡는 유대인은 대부분 유럽 출신으로 백인과 같은 용모를 지니고 있다.

건국 후 세계 각지에서 유대인이 몰려들자 미국의 유럽 출신 백인들은 유대인을 어느 인종에 분류해야 하는지를 두고 고민했다. 유럽계 백인은 자신들과 외모만 비슷할 뿐 민족종교인 유대교를 믿는 그들을 백인으로 분류는 하되 동등한 기회를 주지는 않았다. 즉, 미국에서 유대인은 흑인만큼 무시당하지는 않았지만, 어디를 가나 대접을 받지는 못했다.

미국의 유대인은 한 가족처럼 똘똘 뭉쳐 온갖 차별을 딛고 주류층으로 올라선 보기 드문 민족이었다. 이를 가능하게 한 힘은 수천 년 전부터 내려오는 '전 세계 어디에 살든지 유대인은 모두 형제다. 유대인이라면 누구든지 유대인 공동체의 도움을 받을 권리가 있다.'라는 수칙이 있기 때문이다. 실제로 세계 130여 개국에 흩어져 사는 800만 유대인은 서로 도우며 산다. 그러나 예외도 있다.

이스라엘의 최하층을 이루는
에티오피아계 유대인

19세기 후반 영국인 선교사가 아프리카 에티오피아에서 선교 활동을 하다가 산악 지대에서 깜짝 놀라게 되었다. 스스로 유대인이라 부르며 안식일을 지키는 등 유대교 율법을 철저히 따르는 흑인 부족을 발견했기 때문이었다. 영국으로 돌아온 선교사는 '흑인 유대인'의 존재를 알렸으나 나라 없이 이방인으로 살고 있던 다른 유대인들이 그들을 위해 할 수 있는 일이라고는 없었다.

1948년 이스라엘이 건국되면서 미국을 비롯한 전 세계에 흩어져 살던 유대인은 이스라엘로 몰려들었다. 신생 독립국 이스라엘은 주변을 둘러싸고 있는 아랍인에 맞서기 위해 인구를 늘려야 했다. 이때 주목받은 사람들이 바로 에티오피아에 사는 에티오피아계 유대인이었다. 에티오피아는 세계 최빈국의 하나로 그곳에 살던 유대인의 삶은 가난의 연속이었다. 게다가 에티오피아에는 상당수의 무슬림이 있었는데 이들은 유대인을 끊임없이 탄압했다. 이에 에티오피아계 유대인은 목숨을 부지하기 위해 문명과는 동떨어진 산악 지대에서 거주하며 생활했다. 1984년 에티오피아에 대기근이 발생해 수많은 사람이 굶어 죽자 이스라엘은 '작전명 모세'라는 프로젝트를 만들어 에티오피아계 유대인 수천 명을 데려왔다.

1991년 에티오피아에서 내전이 벌어지고 에티오피아계 유대인이 몰살 위기에 처하자 이번에도 이스라엘은 국력을 총동원해 그들을 본국으로 데려오고자 했다. 에티오피아는 그들을 데려가는 조건으로 당시로는 상당히 큰 3,500만 달러를 요구했다. 이때 에티오피아계 유대인의 몸값을 마련해 준 사람들이 바로 미국 유대인이었다. 이들은 얼굴도 보지 못한 에티오피아계 유대인을 살리기 위해 사흘 만에 3,500만 달러를 모았다. 또 에티오피아에 흩어져 사는 유대인을 빠짐없이 찾아내고 수송하기 위해 군용기를 비롯해 비행기들을 모았다. 이스라엘과 에티오피아 사이의 하늘을 가득 메운 비행기 덕분에 1만 4,000여 명의 에티오피아계 유대인을 36시간 만에 이스라엘로 데려올 수 있었다. 이 장면은 언론을 통해 전 세계에 중계되었고 지켜보던 유대인들은 감격의 눈물을 흘리기도 했다.

그러나 행복은 오래가지 않았다. 세계 각지에서 모인 유대인으로 구성된 이스라엘은 피부 색깔에 따라 사회적 신분이 다른데, 피부가 흴수록 높은 위치를 차지하고 있다. 미국이나 유럽에서 이주한 백인 유대인이 부와 권력을 차지하면서 상류층을 형성하고 있다. 그다음으로는 중동계 유대인이 자리하며, 에티오피아 출신 유대인은 최하층을 형성하게 되었다.

멀리 떨어져 살 때는 서로를 그리워하던 유대인들이 막상 함께 모여 살자 갈등이 빚어졌다. 에티오피아계 유대인은 차별의 대상이 되었고 일자리를 얻기도 쉽지 않았다. 자녀들이 학교 입학을 거부당하기도 했다. 또 백인 유대인과 결혼하는 일도 드물었다. 심지어 이들이 헌혈한 혈액은 오염물질처럼 취급되어 전량 폐기되기도 했다. 이는 수천 년간 떨어져 살면서 이질적인 외모와 문화를 가진 사람들이 함께 모여 사는 일이 생각만큼 쉽지 않음을 보여주는 사례이다.

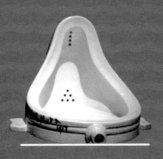

7장

예술에 대한 근원적 의문을 제기한

미국 대중 미술

미국 중심의 예술 시대가 열리다

서양 미술의 시작은 고대 그리스입니다. 미적 감각이 탁월했던 고대 그리스인은 인체의 아름다움을 표현하는 일에 열정을 쏟았습니다. 신보다는 인간에 관심이 많아서 사람을 예술의 대상으로 삼았지요. 이는 그리스 신화에 등장하는 신들의 모습을 보면 쉽게 알 수 있습니다. 신화 속의 신들은 인간이 범접할 수 없는 신성불가침의 존재가 아니라 여느 인간처럼 희로애락을 느끼고 시행착오를 겪습니다.

그러나 4세기에 기독교가 유럽 대륙을 정복하자 인간을 예술의 대상으로

미켈란젤로의 다비드상

미켈란젤로의 천지창조

두었던 전통이 무너졌습니다. 종교가 지배하던 중세 유럽 1,000년간 예술가들은 대상을 사실적으로 묘사하는 대신 종교적 의미를 담아 성스럽게 그리려 했습니다. 오로지 신의 영광을 드러내는 작품만 만들어야 했던 그들은 원근법 등의 표현법은 알지 못해 작품 수준을 높이지 못했습니다. 그 시대는 예술가의 창작의 자유가 억압되는 암흑기였습니다.

14세기, 중세가 막을 내리고 르네상스* 시대가 열리자 드디어 예술가들은 종교적 굴레에서 벗어나 자신의 재능을 마음껏 발휘할 수 있었습니다. 인간이 세상의 중심이 되는 새로운 시대가 시작되면서 르네상스 시대의 예술가들은 고대 그리스처럼 인간을 예술의 주된 소재로 삼을 수 있었지요. 이 시대에는 사물을 사실적으로 표현할 수

---

* 14~16세기에 유럽에서 일어난, 인간성 해방을 위한 반(反) 중세적 문화 혁신 운동.

있는 원근법이 등장하면서 그림의 수준이 이전과는 비교할 수 없을 정도로 향상되었습니다. 이때 레오나르도 다빈치, 미켈란젤로, 라파엘로 등 수많은 천재가 등장해 르네상스 시대를 꽃피웠지요. 시간의 흐름과 함께 유럽의 예술은 발전을 거듭했습니다. 하지만 예술작품의 수요자는 항상 부와 권력을 가진 특권계층이었을 뿐, 평

다빈치의 모나리자

범한 사람과는 무관했습니다. 예술작품의 주요 수요자인 상류층의 도움이 없다면 예술가들은 생존을 위협받을 만큼 경제적으로 열악했습니다.

19세기까지는 유럽이 예술의 중심이었고 미국은 변방에 지나지 않았습니다. 하지만 20세기 들어 미국의 국력이 유럽과 어깨를 나란히 할 정도로 강해지자 상황이 달라졌습니다. 특히 두 차례에 걸친 세계대전으로 유럽이 초토화되자 예술가들이 대거 미국으로 건너오면서 미국의 시대가 열리기 시작했습니다. 1·2차 세계대전은 기존 유럽 중심의 세계질서를 미국 중심으로 바꾸는 결정적인 계기가 되었고 이는 예술에서도 마찬가지였습니다.

소변기를 샘이라고 부른 마르셀 뒤샹

1887년 프랑스 노르망디에서 태어난 마르셀 뒤샹Marcel Duchamp은 어릴 적부터 미술에 호기심이 있어 미술학교를 들어갔지만, 이내 중퇴하고 말았습니다. 자유로운 분위기의 집안에서 자랐기에 엄격한 규율이 있는 학교생활에 적응할 수 없었기 때문이지요. 이후에도 창작 활동을 지속했으나 그림에서 별다른 두각을 나타내지 못하고 무명화가로 지냈습니다.

1912년, 뒤샹은 친구와 함께 우연히 항공기 전시회를 찾았는데 그곳에서 처음으로 진짜 비행기를 보았습니다. 이때는 1903년 미국의 라이트 형제가 비행기를 처음으로 만든 지 8년밖에 안 된 시점으로, 당시 비행기는 첨단 공학 기술의 결정체였습니다. 뒤샹의 관심을 끈 것은 비행기의 프로펠러였습니다. 바람을 뚫고 날아갈 수 있도록 하는 비행기 프로펠러는 그가 지금까지 본 어떤 그림보다 아름다워 보

예술계에 새로운 바람을 불어넣은 마르셀 뒤샹

였습니다. 그 순간 뒤샹은 더 이상 그림을 그릴 필요가 없다는 것을 깨달았습니다. 1914년 제1차 세계대전이 일어나자 뒤샹은 고국 프랑스를 버리고 미국으로 가는 배에 몸을 실었습니다. 프랑스 파리는 아주 오래전부터 예술의 중심지로 각광을 받아왔지만, 뒤샹이 생각할 때는 혁신이 일어날 수 없는 갑갑한 곳일 따름이었지요. 유럽에 비하면 미국은 예술 분야에서 부족한 점이 많았지만 새로운 시도를 존중하는 자유가 있는 나라여서 미국으로 이주했습니다.

미국 예술의 중심지인 뉴욕에 정착한 뒤샹은 이방인 예술가로서 이곳 생활에 적응하기 위해 최선을 다했습니다. 1917년, 그는 독립 미술가협회에서 주최하는 전시회에 참가하기로 마음먹고 출품작을 내기 위해 고심했습니다. 이때 그의 눈길을 사로잡은 것은 철물점의 남성용 소변기였습니다. 그는 소변기를 구한 다음 어떤 손질도 하지 않고 '샘Fountain'이라는 제목을 붙인 다음, 출품자 뒤샹의 실명 대신 'R. Mutt'라는 가명을 적어 넣었습니다. 하지만 그의 작품은 비도덕적이고 천박하다는 이유로 전시장에 내걸리기도 전에 물의를 빚었습니다. 독립 미술가협회는 예술가의 창의성을 최대한 존중하는 단체였기 때문에 출품한 작품에 대해 간섭을 하지 않는 것을 원칙으로 했습니다. 하지만 뒤샹의 소변기는 예술작품이 되기 위한 필수요건인 창의성이 전혀 없다고 판단해 전시를 불허해 버렸지요.

이 같은 사태가 일어날 것을 예상한 뒤샹은 좌절하기는커녕 마치 기다렸다는 듯이 예술에 대한 자신만의 철학을 세상에 드러냈습니

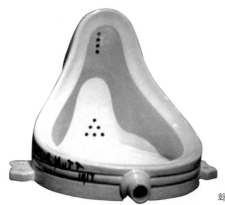

다. 그는 자신을 비난하는 이들을 향해 "예술작품은 예술가가 직접 자기 손으로 만들었는지가 중요한 것이 아니라, 얼마나 기발한 상상력과 독창적 아이디어를 작품에 부여했는지가 더 중요합니다. 세상에는 사람들의 관심을 받을 만한 멋진 물건이 넘쳐나는데 굳이 어렵고 복잡한 것을 예술이라는 이름으로 새로 만들어 낼 필요가 없습니다."라며 이제껏 누구도 생각하지 못한 새로운 주장을 펼쳤지요. 다시 말해 예술가는 장인처럼 물건을 만드는 것을 목적으로 하는 것이 아니라 주변에 널려 있는 흥미로운 물건을 발견해 예술적 가치를 부여하면 그만이라는 것입니다. 만약 예술가가 소변기를 두고 '샘'이라는 예술적 가치를 부여하면 그 순간부터 소변기는 예술작품으로 승화되는 것입니다. 뒤샹의 주장을 따르자면 세상의 모든 것이 예술적 가치를 지닌 존재로 승화될 수 있습니다. 이는 창작을 중시하는 평범한 예술가들에게는 상상도 하지 못할 일이었습니다.

1919년, 뒤샹은 또 한 번 세상을 놀라게 했습니다. 파리의 길거리에서 〈모나리자〉가 인쇄된 그림엽서를 구입해서는 그녀의 얼굴에 검은 펜으로 콧수염과 턱수염을 그려 넣은 후 'L.H.O.O.Q.(그녀는 뜨거운 엉덩이를 가졌다.)'라는 조롱과 풍자로 가득한 작품명을 붙여 세상에 내놓은 것이지요.

뒤샹의 L.H.O.O.Q.

서양 미술에 있어서 위대한 작품 중의 하나가 바로 르네상스 시대에 천재 화가 레오나르도 다 빈치가 그린 〈모나리자〉입니다. 그런데 뒤샹은 모든 예술작품은 그것이 만들어진 시대의 가치관을 담고 있다고 생각해서, 세월이 흐르면 과거의 명작이라 해도 현재는 그다지 중요하지 않은 것이 상식이라고 보았습니다. 하지만 어떤 이유에서인지 사람들은 옛 작품을 마치 신주 모시듯이 숭배하는 바보짓을 하고 있다고 판단했지요. 맹목적인 명작 숭배 행위는 종교와 다름없다고 생각한 뒤샹은 이런 세태를 비판하기 위해 인류가 만든 가장 위대한 예술작품으로 평가받는 모나리자의 얼굴에 수염을 그려 넣었습니다. 많은 사람이 모나리자에 수염을 그려 넣은 뒤샹을 비난했지만, 그는 자신의 신념을 꺾지 않고 자전거 바퀴, 삽, 와인병꽂이 등 이제껏 사람들의 관심에서 벗어나 있던 제품에 예술적인 의미를 부여했지요. 기존의 예술에 대한 고정관념을 완전히 뛰어넘는 뒤샹의 주장은 시간이 갈수록 더욱 많은 지지를 얻었고, 훗날 팝아트*로 불리는 미국식 예술 장르가 탄생하는 데 토대가 되었습니다.

1917년 전시장에 제대로 내걸리지도 못한 뒤샹의 소변기 '샘'은 1999년 뉴욕 소더비Sotheby's 경매장에서 무려 1,700만 달러라는 거액에 팔리며 세상을 놀라게 했습니다. 뒤샹은 근엄하기 짝이 없는 예술계의 권위로부터 자유로워지려고 노력했습니다. 그는 그림을 그리지 못하더라도 독창성을 가진 사람이라면 누구나 예술가가 될 수 있음을 보여준, 20세기 예술사에 큰 획을 그은 인물입니다.

추상표현주의 시대를 연 잭슨 폴록

1912년 잭슨 폴록Jackson Pollock은 와이오밍주 코디Cody에서 다섯 형제 중 막내아들로 태어났습니다. 아버지가 가정을 버리는 바람에 가난하게 살아야 했던 그는 미술학교에 입학했지만, 경제적 어려움으로 학업을 마치지 못하고 예술의 도시 뉴욕에서 화가로서의 삶을 시작했지요. 1929년 경제 대공황이 터지자 생존의 갈림길에 서게 된 그는 프랭클린 루스벨트 대통령의 복지 정책으로 겨우 생계를 이어

---

* 1950년대 후반에 미국에서 일어난 회화의 한 양식. 전통적인 예술 개념을 타파하는 전위적인 미술 운동으로, 광고, 만화, 보도 사진 등을 그대로 그림의 주제로 삼는 것이 특징이다.

갈 수 있었습니다. 루스벨트는
정부가 운영하는 공공사업진흥
국WPA에 가난한 예술가들을 고
용해 예술 활동을 하는 대가로
정부 보조금을 주었습니다. 연방
정부에 고용된 예술가들은 정책
홍보물 제작 등 다양한 일을 수
행하며 활동을 계속할 수 있었
습니다.

잭슨 폴록

어릴 적 부모의 무관심 속에서 성장한 잭슨 폴록은 정서적인 안정
을 찾지 못했습니다. 불안감을 달래기 위해 10대 때부터 술에 의존
해 살았고 술을 마실 때마다 크고 작은 문제를 일으켜 경찰서를 수시
로 드나들곤 했지요. 알코올 중
독자로 좌충우돌하는 삶을 살던
그는 1945년 여성화가 리 크래
스너Lee Krasner와 결혼하면서 비
로소 정서적 안정을 찾기 시작
해 창작 활동에 전념할 수 있었
습니다. 잭슨 폴록은 최선을 다
해 그림을 그렸지만, 당대 최고
거장이었던 파블로 피카소Pablo

파블로 피카소

Picasso의 그늘에 가려 제대로 빛을 보지 못했습니다. 그는 평소 주변 사람들에게 "피카소가 모든 것을 다 이루어 내가 할 수 있는 일이 없다."라는 불평을 털어놓았습니다.

스페인 출신의 예술가 피카소는 회화를 비롯해 조각, 판화, 도예 등 대부분의 미술 분야에서 천재성을 발휘하며 누구도 넘볼 수 없는 확고한 지위를 차지하고 있었습니다. 그의 작품은 유럽을 비롯해 세계인의 사랑을 받았고 어떤 미국 예술가도 그가 구축한 명성에 도전할 엄두를 낼 수 없었습니다.

어느 날 잭슨 폴록은 그림을 그리던 중 한동안 생각에 잠겼습니다. 그 사이 붓에서 물감이 흘러내려 바닥에 번졌습니다. 그는 갑자기 무엇엔가 홀린 듯이 캔버스에 물감을 뿌리기 시작했지요. 캔버스에 떨어진 물감은 점도 선도 아닌 부정형의 모습으로 얽히고설키어 이제껏 보지 못한 독특한 패턴을 만들어 냈습니다. 이를 통해 잭슨 폴록은 지난 수천 년간 인간이 그림을 그려온 방식인 캔버스에 붓으로 물감을 칠하는 방법만이 전부가 아니라는 사실을 깨달았습니다. 이후 잭슨 폴록은 캔버스를 땅바닥에 펼쳐 놓고 그 위에 물감을 뿌리거나 아예 쏟아붓는 방법을 사용해 그림을 완성했습니다. 잭슨 폴록은 기분 내키는 대로 물감을 뿌린 것이 아니라 머릿속에 떠오르는 영감을 캔버스에 형상화해 나갔습니다. 바닥에 펼쳐진 캔버스는 그의 우주였고, 그는 창조주였습니다. 잭슨 폴록은 춤을 추듯이 캔버스를 휘젓고 다니면서 신나게 물감을 뿌려 댔고 그럴 때마다 추상적이고 기이

잭슨 폴록의 액션 페인팅 작품 Convergence, 1952

한 그림이 탄생했습니다. 이른바 액션 페인팅action painting*으로 불린 그의 새로운 창작 기법은 미술계에 큰 충격을 주었습니다.

  잭슨 폴록이 피카소도 생각하지 못한 기발한 방식으로 그림을 그리자, 미국 미술은 더는 유럽의 아류가 아닌 독자성을 갖게 되었습니다. 지금까지 회화는 자연이나 인물 등 어떤 대상물을 예술적으로 표현하는 것을 목적으로 삼았지만 잭슨 폴록의 그림에는 한눈에 알아볼 수 있는 대상물이 존재하지 않았지요. 그는 대상물이나 밑그림 없이 자신의 내면세계를 그대로 화폭에 보여주었습니다. 이로 인해 심미안을 갖지 못한 일반인은 잭슨 폴록의 그림이 무엇을 의미하는지 몰랐고 미술관 직원들도 전시되는 그림의 위아래가 바뀌지 않았는지

---

* 화폭에 물감을 뿌려서 그림을 그리는 방식이나 그런 그림.

캔버스에 물감을 흩뿌리는 잭슨 폴록

제대로 알기가 쉽지 않았습니다.

잭슨 폴록은 그만의 독자적인 예술 방식을 발견한 공로를 인정받아 '미국이 낳은 천재 화가, 미국만의 예술 장르를 개척한 위대한 예술가, 유럽으로부터 미국 예술을 독립시킨 화가' 등 온갖 격찬을 받으며 인생의 전성기를 누리는 듯했습니다. 그러나 불행하게도 그는 알코올 중독 증세가 심해져 정상적인 삶을 살 수 없었습니다. 인생 최고의 후원자였던 아내마저 곁을 떠나면서 더는 아무것도 할 수 없었지요. 1956년 8월, 잭슨 폴록은 만취 상태에서 운전하다가 교통사고로 세상을 떠났습니다. 44세의 젊은 나이로 삶을 마감했지만, 그가 창작의 새로운 길을 열면서 미국의 미술은 유럽과 색다른 방향으로 나아갈 수 있었고 곧 막강한 경제력을 바탕으로 유럽을 압도할 수 있었습니다.

팝아트를 연 앤디 워홀

오랜 기간 미국인들은 우아한 유럽 문화에 매료되어 유럽인처럼 되기 위해 노력했습니다. 상류층은 귀족적인 클래식 음악을 감상했고 빈센트 반 고흐 Vincent van Gogh 나 파블로 피카소 같은 유럽 출신 화가들의 그림을 수집하는 데 열을 올렸습니다. 하지만 두 차례의 세계 대전을 계기로 미국이 세계를 움직이는 중심 국가가 되자, 더는 유럽을 따라가야 할 필요가 없어졌지요. 클래식 대신 팝 뮤직을 들었으며 피카소 대신 잭슨 폴록 같은 미국 화가의 그림에 관심을 가졌습니다. 맥도날드 햄버거나 리바이스 청바지 등의 미국 문화는 세계로 퍼져 나가 이 세상 사람들의 삶에 지대한 영향을 미쳤습니다. 이와 같이 미국인들의 자국 문화에 대한 자신감이 높아져 갈 때 혜성처럼 등장한 앤디 워홀 Andy Warhol 은 미국 예술을 새로운 경지로 올려놓았습니다.

1928년 펜실베이니아주 피츠버그에서 태어난 앤디 워홀은 카네기

팝아트 작가
앤디 워홀

공과대학에서 산업디자인을 공부했습니다. 순수미술과 거리가 멀었던 워홀은 1949년 대학 졸업 후 뉴욕으로 건너가 상업 디자이너로 활동했지요. 그는 세계적인 패션 잡지 보그Vogue의 표지 디자인을 맡아 일하면서 두각을 나타냈고, 이후에도 광고 제작 등 돈이 되는 일이라면 가리지 않고 해서 젊은 나이에 부와 명성을 쌓았습니다.

그런데 오로지 돈과 명예에만 관심이 있던 워홀이 1960년대에 들어서자 갑자기 상업미술계에서 은퇴를 선언하고 순수미술로 전향을 선언하여 주위 사람들을 깜짝 놀라게 했습니다. 그는 이제 배트맨이나 슈퍼맨 등 당시 아이들이 좋아하던 만화 캐릭터를 그리면서 논란을 일으켰습니다. 세상에 널리 알려진 만화 캐릭터를 캔버스에 옮기는 것은 순수예술과 아무런 관련이 없다고 생각하는 사람이 많았기 때문입니다.

평론가들로부터 비판을 받자 앤디 워홀은 "돈 많고 똑똑한 사람들이 고상한 척 즐기는 것이 예술인가? 예술과 일상은 하나다. 예술이 일상보다 결코 위에 있을 수 없다. 평범한 대중도 즐길 수 있는 것이 진정한 예술이다."라고 말하며 예술과 일상의 경계를 허물고자 했습니다. 그는 평론가들의 쏟아지는 비판에 주눅이 들기는커녕 한술 더 떠서 코카콜라 병, 캠벨수프 캔 등 슈퍼마켓에서 손쉽게 구할 수 있는 상품을 그림의 소재로 삼았습니다.

1962년 앤디 워홀은 뉴욕에서 개최된 유명 미술 전시회에 작품을 내놓았습니다. 그의 작품을 접한 관객들은 매우 흥미로워했습니다.

워홀이 작품 소재로 삼은 캠벨사의 토마토 수프와 코카콜라

난해한 그림으로 넘쳐나는 전시회장에서 미국인들에게 너무나 친근한 코카콜라 병, 캠벨수프 캔, 리바이스 청바지 등이 오히려 관객의 흥미를 자극했기 때문이지요. 전시회에서 폭발적인 인기를 얻은 앤디 워홀은 한순간에 화제의 인물이 되어 언론의 주목을 받게 되었습니다.

　미술 평론가들이 볼 때 앤디 워홀은 장난 같은 작품을 그렸지만, 사실 그 만큼 예술에 대한 확고한 철학이 있는 예술가도 드물었습니다. 그는 미국 사회의 위대성을 소비의 평등성에서 찾았습니다. 백악관의 대통령에서 뒷골목의 불량배까지 미국인이라면 모두 동일한 품질의 콜라를 마시지요. 아무리 돈이 많은 사람이라 할지라도 그들만을 위한 고품격의 콜라를 마실 수는 없습니다. 앤디 워홀은 소비의 평등성이야말로 미국이 다른 나라에 비해 우월한 점이라고 생각했습니다. 유럽처럼 온 힘을 기울여 뛰어난 품질의 제품을 만드는 장인 문화는 없지만 대량 생산을 통해 누구나 풍요로운 소비를 할 수 있는 나라라는 점이 앤디 워홀의 마음을 사로잡았습니다.

앤디 워홀은 의도적으로 만화 캐릭터나 유명한 상품을 작품의 소재로 삼는 등 자신이 처한 환경의 변화를 반영해 나갔습니다. 그는 19세기 후반 네덜란드 출신의 빈센트 반 고흐가 〈해바라기〉 작품을 그린 것이 깊은 뜻이 있어서라기보다는 주변에서 해바라기를 쉽게 볼 수 있었기 때문이라고 생각했습니다. 이와 마찬가지로 오늘날 미국인들은 코카콜라나 만화 캐릭터를 많이 접하기 때문에 당연히 작품의 소재로 삼아야 한다는 것이 그의 생각이었지요. 앤디 워홀을 필두로 수많은 예술가가 일반 대중이 쉽게 접할 수 있는 것을 소재로 작품 활동을 하면서 '팝아트'라는 새로운 장르가 탄생하게 되었습니다.

돈이 모이는 곳에 예술도 있다

역사에 이름을 남긴 예술가 대부분은 살아생전 가난에 시달리다가 죽음을 맞이했습니다. 가난은 오랜 기간 예술가들이 겪어야 할 숙명처럼 받아들여졌고 예술가가 돈을 좇는 일은 금기시되었지요. 하지만 앤디 워홀은 "돈을 버는 것도 하나의 예술이다. 돈을 많이 버는 것이야말로 최고의 예술이다. 나는 돈을 벌기 위해 그림을 제작하고 어떻게 하면 그림을 통해 더 많은 돈을 벌어들일지 항상 고민한다." 라고 말했습니다. 예술가도 돈이 있어야 예술 활동을 계속할 수 있고 새로운 분야에 도전할 수 있다는 뜻이었지요. 살아생전 작품을 팔아 갑부가 된 파블로 피카소도 "예술은 무한한 돈의 흐름이다."라고 말하며 예술가의 돈에 대한 욕망을 긍정적인 시각으로 바라보았습니다. 앤디 워홀은 그림을 팔아 돈을 벌기 위해서 예술작품을 코카콜라처럼 대량생산하는 방법을 도입했습니다.

우선 소비자들의 흥미를 끌 만한 소재를 찾아 작품을 제작했습니다. 마릴린 먼로, 마이클 잭슨, 엘비스 프레슬리, 체 게바라, 무하마드 알리, 마오쩌둥 등 누구나 알고 있는 인물을 소재로 삼았습니다. 유명인은 끊임없이 대중매체를 통해 세상에 보도되기 때문에 별다른 노력을 하지 않아도 작품 홍보가 되었지요. 또 그는 스스로를 상품으로 만들기 위해 노력했습니다. 수시로 언론에 얼굴을 드러내고 파격적인 언행을 거듭해 인지도를 높이는 데 성공하면서 어느덧 연예인처럼 유명인사가 되었습니다. 물론 이 같은 행동은 그림을 더 비싼 가격에 팔기 위한 전략의 일환이었습니다. 그는 여느 예술가와 달리 자신의 작업실을 스튜디오라 부르지 않고 공장이라 불렀고 자신은 공장장이라고 말했습니다.

앤디 워홀은 미술 작품을 대량생산하는 데 앞장섰습니다. 기존의 화가는 캔버스에 작품을 하나씩 그려 냈지만 앤디 워홀은 실크스크린Silk Screen*이라는 도구를 이용해 동일 작품을 대량으로 찍어냈습니다

---

* 나무나 금속으로 테두리를 한, 비단이나 나일론 등의 발이 고운 천에 잉크를 정착시키는 인쇄법.

워홀이 작품을 대량생산하기 위해 사용한 실크스크린

다. 코카콜라처럼 대량으로 만들어 낸 작품들에 자신의 사인을 남겼는데, 이마저도 귀찮으면 어머니에게 대필시켰습니다. 게다가 아이디어가 떠오르면 자신이 직접 그리는 대신 조수에게 그리도록 해서 그 그림에 자신의 사인을 넣어 팔았습니다.

이 같은 일은 자칫하면 사기죄로 몰릴 수도 있는 행동이지만 앤디 워홀은 법의 처벌을 받은 일이 없습니다. 자신의 행동을 모든 사람에게 솔직히 알렸기 때문입니다. 당시만 하더라도 조수가 대신 그림을 그리게 하는 일을 곱게 보지 않는 사람이 많아 앤디 워홀은 끊임없이 비판받았지만, 오늘날에 와서는 흔한 일이 되었습니다. 요즘의 많은 유명 예술가들은 아이디어가 떠오르면 모든 것을 직접 만들기보다 조수와 함께 공동 작업을 하거나 아예 조수에게 만들도록 하는데 이

는 앤디 워홀이 남긴 관례입니다.

1987년 앤디 워홀은 59세의 나이로 세상을 떠나면서 억만장자 예술가로 삶을 마감했습니다. 2015년 그의 작품이 3,260만 달러에 판매되면서 또 한 번 세상을 놀라게 했습니다. 그것은 바로 1962년에 1달러짜리 지폐를 소재로 만든 〈1달러 지폐One Dollar Bill〉라는 작품이었지요. 앤디 워홀의 성공은 단순히 개인적 성공으로 끝난 것이 아니라 미국을 세계 미술의 중심지로 만드는 데 크게 공헌했습니다. 앤디 워홀이 꽃을 피운 팝아트가 미국을 넘어 세계 예술계에 큰 영향을 미치면서 예술가로 성공하려는 사람들은 유럽이 아니라 뉴욕으로 몰려들었습니다. 뛰어난 인재들이 전 세계에서 뉴욕으로 몰려오면서 미국은 과학 기술이나 경제 분야처럼 예술 분야에서도 확실한 주도권을 행사할 수 있게 되었습니다.

또 팝아트 예술가의 작품값이 폭등하면서 젊은 나이에 돈방석에 앉는 이들도 쏟아져 나왔습니다. 뉴욕의 크리스티_{Christie's} 경매장에 등장하는 팝아트 작품들은 전세계 사람들의 관심 속에 엄청난 가격에 팔려나갔는데, 이는 미국의 경제력이 뒷받침되었기 때문에 가능한 일이었습니다. 미국은 '돈이 모이는 곳에 예술도 있다.'라는 사실을 확실히 증명해 주고 있습니다.

★

미술계의 테러리스트,
뱅크시

  뉴욕의 크리스티 경매장에서 2017년 레오나르도 다빈치의 작품 〈구세주〉가 미술품 거래 사상 최고가액인 4억 5천만 달러에 거래되었다. '남자 모나리자'라고 불리는 이 작품은 예수 그리스도의 형상을 담은 그림으로, 사우디아라비아의 왕세자가 자신의 초호화 요트에 걸기 위해 구매했다. 이를 두고 미술 작품이 과연 수억 달러의 가치가 있는지 논쟁이 벌어졌다. 그만한 가치가 없다고 주장하는 사람이 바로 얼굴 없는 예술가 뱅크시Banksy이다.

  뱅크시는 건물의 외벽에 페인트나 스프레이를 이용해 그림을 그리는 그래피티graffiti 예술가이다. 한밤중에 외벽에 그림을 그리고 사라지기 때문에 그가 누구인지는 아무도 모른다. 그는 천문학적인 가격에 팔리는 예술작품은 그만한 가치가 없고 억만장자들이 자신의 부를 과시하기 위한 수단에 불과하다고 주장하며 한 가지 실험을 통해 자신의 주장을 입증하고자 했다.

  2003년, 뱅크시는 길거리에서 주운 돌에다가 유성펜으로 대충 그린 그림을 몰래 영국의 대영박물관에 전시했다. 흔히 구할 수 있는 재료로 누구나 그릴 수 있는 그림을 전시했는데 관람객들은 마치 위대한 예술작품인 양 뱅크시의 돌멩이를 소중히 감상했다. 박물관 직원도 눈치채지 못해

뱅크시가 벽에 그린 그림

무려 23일 동안이나 전시되는 행운을 누렸다. 돌멩이는 예술작품이어서가 아니라, 대영제국 시절에 영국이 전 세계에서 끌어모은 값비싼 예술작품 사이에 있어서 돋보인 것이다.

뱅크시는 고가 작품 전시로 명성을 떨치는 뉴욕 메트로폴리탄 미술관, 뉴욕 현대미술관, 미국 자연사박물관 등에도 자신의 그림을 전시했다. 남는 벽면에 강력 접착제로 그림을 붙였는데 한동안 아무도 그가 임의로 붙인 줄을 알지 못했다. 뱅크시가 엉뚱한 짓을 저지르고 다니자 미술계는 그에게 '예술계의 테러리스트'라는 악명을 붙여주었다. 그런데 논란이 커질수록 그의 작품값은 비싸졌다. 인기 작품 반열에 오르며 미술 애호가 사이에 편당 수십만 달러에 거래되기도 했다. 혹자는 그가 유명세로 자신의 작품을 비싸게 팔기 위해 기이한 행동을 하고 다닌다고 비난했지만, 뱅크시는 돈을 벌기 위해 벌인 일이 아니라고 주장했다. 이를 증명하기 위해 뱅크시는 2013년 뉴욕의 길거리에 자신의 작품을 펼쳐 놓고서 편당 60달러에 판매하는 행사를 벌였다. 미술에 관심이 없던 뉴욕 시민 대부분은 뱅크시의 작품을 보고 지나쳤고 하루 동안 3명만 뱅크시의 그림을 샀다. 미술품 경매장에서 편당 수십만 달러를 호가하는 뱅크시의 작품을 단돈 60달러에 산다는 것은 돈을 벌 엄청난 기회였지만 길을 지나가던 수많은 사람은 별다른 관심조차 주지 않았다.

뱅크시는 세계를 돌아다니며 캔버스가 아닌 벽에 그림을 그렸다. 벽을 고집한 이유는 예술작품은 누구나 감상할 수 있어야 한다고 생각했기 때문이다. 그는 2018년 런던 소더비 경매장에 자신의 작품 〈소녀와 풍선〉을 팔기 위해 내놓았다. 기이한 행동으로 미술계의 유명인사가 된 뱅크시의 작품이 경매장에 나오자 이를 사려는 사람이 줄을 이었다.

뱅크시의 작품은 결국 120만 달러의 고가에 낙찰되었다. 그 순간 액자 안에 있던 그림이 갑자기 찢어졌다. 경매장 안에 있던 뱅크시가 리모컨으로 액자 안에 있던 파쇄기를 작동시켰기 때문이다. 120만 달러에 달하는 고가의 그림이 순식간에 분해되면서 또 한 번 미술계가 발칵 뒤집혔다. 이는 뱅크시가 자신의 작품이 지나치게 비싼 값에 거래되는 것이 마음에 들지 않아 저지른 일이었다. 그런데 갈기갈기 찢긴 그의 그림은 쓰레기통으로 간 것이 아니라 가격이 더 비싸졌다. 파쇄된 〈소녀와 풍선〉은 뱅크시가 세계 최초로 '자기파괴'라는 새로운 예술 활동을 통해 만든 작품이라는 미술계의 창의적 해석이 덧붙여졌기 때문이다. 뱅크시는 "세계적인 미술관에 걸려있는 작품은 대단해서 걸려있는 것이 아니라 걸려있기에 대단한 것이다."라고 말하고 있다.

8장

다양한 문화가 만들어 낸

최고의 뮤지션들

재즈의 선구자, 루이 암스트롱_자유인이 된 흑인의 노래

미국 남부의 항구도시 뉴올리언스New Orleans는 영국인이 개척한 미국의 여느 도시와는 다르게 프랑스 냄새가 물씬 풍겼습니다. 1803년 이전까지 프랑스의 식민지였기 때문이지요. 이 도시는 면직물의 원료인 목화를 수출하기 위해 커다란 증기선들이 오가던 항구입니다. 목화는 키가 작고 사람의 손이 많이 가는 작물이어서, 미국 남부의

뉴올리언스 위치

노래를 부르는 크리올 가수

흑인 노예들은 뜨거운 볕 아래 허리를 굽혀 고된 노동을 하면서 살아갔습니다.

미국의 프랑스계 이민자와 흑인 사이에 태어난 혼혈인을 크리올Creole이라고 합니다. 크리올은 백인만큼의 대우는 받지 못했지만, 부모 중 한 사람이 백인이었기 때문에 흑인보다는 훨씬 나은 대접을 받았습니다. 경제적으로 여유가 있는 집안에서 태어난 크리올들은 유럽식 음악교육을 받아 다양한 악기를 연주할 수 있었습니다. 뉴올리언스가 항구도시로 번영을 누리자 도시 곳곳에 술과 함께 연주를 즐길 수 있는 클럽이 생겨났고, 그곳에서 많은 크리올이 연주자로서 활동했습니다.

1865년 남북전쟁이 끝나고 흑인 노예가 해방되면서 뉴올리언스는 자유인이 된 흑인들로 넘쳐났습니다. 흑인들은 노예 시절 가혹한 노동으로부터 오는 고통을 잊기 위해 민속 노래를 불러왔기 때문에 음악에 남다른 감각이 있었지요. 크리올의 유럽 음악과 흑인의 민속 음악이 결합하여 생겨난 장르가 바로 미국의 재즈Jazz입니다.

20세기 초 뉴올리언스의 술집과 거리는 재즈를 연주하는 음악가들로 넘쳐났습니다. 그러나 1914년 유럽 대륙에서 일어난 제1차 세계대전에 미국이 참전하면서 항구도시 뉴올리언스의 운명이 순식간에 바뀌었지요. 미국 정부가 뉴올리언스를 군항으로 지정하고 유럽으로 전쟁 물자를 운반하는 보급기지로 삼자 더는 한가로이 음악을 들으면서 술을 마실 수 있는 분위기가 아니었습니다. 재즈 연주자들이 먹고살기 위해 재즈의 발상지인 뉴올리언스를 떠나면서 재즈가 미국 각지로 퍼지게 되었습니다.

랄랄라 두비둡 바, 스캣 송

루이 암스트롱Louis Armstrong은 1901년 뉴올리언스의 흑인 빈민가에서 태어났습니다. 암스트롱이 태어난 지 얼마 되지 않아 아버지가 가정을 버리고 떠나는 바람에 그의 어린 시절은 가난했습니다. 암스트롱의 어머니가 온갖 궂은 일을 해도 손에 쥐는 돈은 얼마 되지 않았지요.

암스트롱은 어릴 때부터 신문이나 석탄을 배달하며 돈을 벌었습니다. 그러나 끼니조차 제대로 해결할 수 없었습니다. 쓰레기통을 뒤져 먹거리를 찾아야 했던 11살 때 스스로 학교를 그만두고 동네 불량배들과 어울려 온갖 나쁜 짓을 일삼으며 세월을 보냈습니다.

1913년 암스트롱은 신년 축하행사를 벌이는 장소에서 폭죽 대신 실탄이 장전된 의붓아버지 소유의 권총을 하늘에 향해 쏘는 위험천만한 행동을 했습니다. 총성이 울리자 행사장은 뒤죽박죽이 되었고 사고를 낸 암스트롱은 경찰에 체포되어 소년원으로 보내졌습니다.

세기의 재즈 뮤지션 루이 암스트롱

소년원에서 그는 한 직원의 도움으로 트럼펫보다 작은 금관악기인 코넷을 배울 수 있었습니다. 코넷을 연주하면서 음악의 아름다움을 알게 되었고 이를 계기로 재즈 뮤지션의 길을 걷게 되었지요. 소년원에서 나온 암스트롱은 뉴올리언스의 클럽에서 코넷 대신 트럼펫을 불며 실력을 다졌습니다.

제1차 세계대전의 여파로 인해 활기차던 뉴올리언스는 점점 가라 앉아 마침내 삭막해지고 말았습니다. 그곳에서 활동할 수 없게 된 암스트롱은 시카고로 건너갔습니다. 그는 무대에서 트럼펫을 연주하고 자신이 작곡한 노래를 불렀습니다. 성격이 밝고 긍정적이었던 암스트롱은 특유의 감수성을 발휘해 재즈에 새로운 기법을 도입했는데 대표적인 것이 스캣Scat창법*입니다.

어느 날 암스트롱은 녹음하다 악보를 떨어뜨렸습니다. 그는 악보를 주우며 즉흥적으로 별 의미는 없지만 신나는 소리를 냈습니다. 이때 의미없는 소리들의 매력을 발견하게 되었지요. 그 뒤로 암스트롱은 노래를 부를 때마다 흥얼거리는 소리를 넣으며 사람들을 즐겁게 했습니다. 그는 당대 최고의 트럼펫 연주 실력과 특유의 굵고 탁한 목소리로 꾸준한 인기를 끌었습니다. 재즈는 흑인의 감성을 담은 음악이지만, 암스트롱이 재즈를 널리 알리면서 백인도 좋아하게 되었습니다.

나는 광대로 남고 싶어요

남북전쟁을 끝으로 노예 신분에서 벗어났지만 흑인은 백인과 평등해질 수 없었습니다. 특히 미국 남부는 흑인에 대한 차별이 북부와 비교할 수 없을 정도로 심했기 때문에 남부 흑인들은 굉장한 분노를 느끼고 있었지요. 그들은 마틴 루터 킹 목사를 중심으로 뭉쳐 백인과 맞섰습니다. 흑인 인권운동 지도자들은 흑인 최고의 재즈 뮤지션 암스트롱에게 뜻을 함께할 것을 요구했습니다. 그러나 오직 재즈밖에 몰랐던 암스트롱은 흑인 인권운동에 적극적으로 개입하기를 꺼렸습니다. 그는 "미국 정부가 흑인에게 저지르는 일을 보면 미국 정부는

---

* 재즈 등에서 가사 대신 무의미한 후렴을 넣어서 부르는 창법.

정치에서 벗어나 음악인으로만 남으려고 했던
루이 암스트롱

지옥에 떨어질 수도 있다."라며 정부를 비난했지만, 백인을 정면으로 비난하지는 않았습니다. 암스트롱이 백인을 상대로 적의를 드러내지 않자 백인도 암스트롱을 싫어하지 않았습니다. 일부 흑인이 암스트롱을 비겁자라고 부르며 미워해도 그는 크게 개의치 않았습니다. 자신을 불러주는 클럽의 무대에서 열심히 트럼펫을 연주하고 노래를 부르며 특유의 입담으로 관객들을 즐겁게 하는 일에만 몰두했습니다.

1964년 암스트롱은 63세의 적지 않은 나이에 'Hello Dolly!'라는 신곡을 발표했습니다. 그런데 이 곡이 당대 최고의 인기 그룹이던 비틀스의 노래를 누르고 빌보드 차트* 1위를 차지하면서 세상을 깜짝 놀라게 했습니다. 암스트롱은 빌보드 차트 1위를 차지한 최고령자로 기록되는 영광을 차지했지요. 1967년, 그는 어떤 환경에서도 세상을 아름답게 바라보려고 노력한 그의 인생 철학이 담긴 역작 '왓 어 원더풀 월드What a wonderful world'를 발표했습니다.

---

* 미국의 음악잡지 〈빌보드〉에서 발표하는 대중음악의 인기 순위.

삶의 마지막까지 웃음을 잃지 않던 암스트롱

'난 푸른 나무들과 붉은 장미를 바라보아요. 나와 당신을 위해 그들이 꽃을 피우는 걸 바라보죠. 그리고 나 혼자 생각해요. 이 얼마나 멋진 세상인지를… 난 파란 하늘과 하얀 구름을 바라보아요. 눈부신 빛이 낮을 축복하고, 어둠은 밤을 성스럽게 하죠. 그리고 난 혼자 생각해요. 이 얼마나 멋진 세상인지를…'

위와 같은 가사를 가진 이 노래는 듣는 사람들에게 마음의 평화와 안식을 주는 곡으로 세월이 지나도 변함없는 사랑을 받고 있습니다.

암스트롱은 반세기 이상 재즈 뮤지션으로 활동하면서 미국을 넘어 전 세계에 재즈를 보급하는 데 큰 몫을 했습니다. 1963년 미국 정부도 미국 대중문화의 하나인 재즈를 알리기 위해 이례적으로 암스트롱의 세계 공연을 후원했지요. 암스트롱은 "나는 광대가 되어 사람들

핀란드에서 재즈 공연을 하는 암스트롱

을 즐겁게 만드는 것이 인생의 목표입니다."라고 말했을 정도로 재즈를 통해 사람들에게 기쁨을 주고자 했습니다. 1971년 7월 뉴욕의 자택에서 폐암으로 세상을 떠나면서 그의 시대는 막을 내렸습니다.

로큰롤의 황제, 엘비스 프레슬리_흑과 백이 어우러진 노래

미국은 이민자의 나라입니다. 세계 모든 민족이 모여들어 하나의 나라를 이루고 사는 만큼 단결심은 단일민족 국가에 비해 부족할 수밖에 없지요. 그러나 제1차 세계대전에 다양한 민족 출신으로 구성된 미군이 전쟁터에 나가 생사고락을 함께하면서 같은 미국인이라는 동질감을 가지게 되었습니다.

제1차 세계대전은 미국인들을 단결시키는 데 큰 도움이 되었습니다. 하지만 흑인은 예외였지요. 백인 집권층이 흑인을 징병 대상에서 제외시켰기 때문입니다. 오래전부터 백인들은 흑인이 다른 인종에 비해 지능이 크게 떨어진다는 편견을 갖고 과소평가했습니다. 따라서 백인과 흑인이 공동으로 작전을 펼칠 때 흑인이 작전을 제대로 수행하지 못하여 백인의 생명까지 위협받을 것이라 우려해 그들을 제외한 것입니다. 한편으로는 흑인이 무장 세력화할까 봐 우려했습니다. 미국은 건국 이전부터 총기 소유가 자유라서 누구라도 총기를 구입할 수 있습니다. 만약 총기를 소유한 흑인이 군대에서 체계적인 훈련까지 받는다면 전투력을 기반으로 그들만의 세력을 형성할 것이라 우려해 흑인에게는 참전 기회를 주지 않은 것이지요. 이에 제1차 세계대전에 수많은 백인 남성이 전쟁을 경험했지만, 흑인은 능력이 있는 극소수만이 참전할 수 있었습니다.

반면, 제2차 세계대전 때는 백인만으로는 전쟁을 감당할 수 없어 흑인에게 예전보다 많은 참전 기회를 주었습니다. 이전까지 흑인과 백인은 같은 도시에 살더라도 각각 다른 지역에 살았기 때문에 교류의 기회가 적었습니다. 하지만 총탄이 날아다니는 전쟁터에서는 살아남기 위해 힘을 합쳐야 했습니다. 백인들이 전쟁터에서 겪은 흑인은 결코 지능이나 능력이 차이 나지 않았습니다. 미국에 대한 애국심도 백인과 다를 것이 없어 백인과 미국 사회에 위협이 되지 않는다는 사실을 알 수 있었습니다. 이 과정에서 서로에 대한 이해의 폭이 넓어졌습니다. 백인 병사들은 흑인 병사들이 부르는 재즈와 로큰롤

rock'n'roll[*] 등을 접하게 되면서 자연스럽게 흑인음악에 익숙해져 갔습니다.

흑인 문화를 체득한 어린 시절

1935년 1월, 엘비스 프레슬리Elvis Presley는 미시시피주의 백인 가정에서 쌍둥이로 태어났는데 형이 태어나자마자 죽는 바람에 외아들로 자랐습니다. 그의 아버지는 무능할 뿐 아니라 폭력적이어서 자녀 교육에 도움이 되지 못했지요. 심지어 밀주를 팔다가 붙잡혀 구속되기도 했습니다. 가장이 제 역할을 못 하다 보니 그의 어머니가 목화농장이나 공장에서 일하면서 생계를 책임져야 했습니다. 어머니는 아들이 엇나가지 않도록 세심한 관심을 가졌습니다. 프레슬리는 어머니의 사랑으로 건강하게 성장할 수 있었습니다.

1948년 프레슬리의 가족은 테네시주 멤피스Memphis의 빈민가로 이사 갔습니다. 이웃 주민들은 대부분 흑인이었고 프레슬리의 친구들역시 흑인이었습니다. 프레슬리는 그들과 교제하면서 자연스레 흑인의 문화를 체득했기 때문에 외모는 백인이었지만 정서는 흑인이나다름없었지요. 기독교 신자였던 프레슬리의 어머니는 일요일이 되면

---

* 1950년대에 미국에서 발생한 대중음악. 흑인 특유의 리듬 앤드 블루스(R&B)와 백인의 컨트리 음악의 요소를 곁들인 강한 비트의 열광적인 음악.

아들과 함께 예배에 참석했습니다. 이때 프레슬리는 찬송가 선율을
익혔습니다. 그의 어머니는 어려운 가정환경 속에서도 아들이 고등
학교까지 마칠 수 있도록 최선을 다했습니다. 프레슬리는 고등학교
를 졸업하자마자 트럭 운전사로 바쁜 나날을 보냈습니다. 어릴 적부
터 음악을 좋아한 프레슬리는 정규 음악교육을 받고 싶었지만, 가난
때문에 뜻을 이룰 수 없었습니다. 그래도 뮤지션이 되고 싶다는 꿈은
포기하지 않았지요. 그는 정식으로 음악을 배우지 못해 악보조차 제
대로 읽을 수 없었지만, 머릿속에 떠오르는 음악적 영감을 노래로 만
들었습니다.

　1953년, 프레슬리는 어머니의 생일을 앞두고 선물을 고민하다가 자
신이 만든 곡인 '마이 해피니스My Happiness'를 음반으로 제작해 드리기
로 마음먹었습니다. 당시 그가 살던 멤피스에는 약간의 돈만 내면 노

일찌감치 재능을 인정받고 가수의 길에 선 프레슬리

래를 녹음해 주는 회사들이 있었습니다. 프레슬리는 한 업체를 찾아가 4달러를 내고 녹음했습니다. 이때 그의 재능을 알아본 직원이 프레슬리에게 샘 필립스Sam Phillips라는 인물을 소개해 주었습니다.

음반업계에서 탄탄한 인맥을 가지고 있던 샘 필립스는 프레슬리가 뮤지션으로 대성할 수 있음을 직감하고 그를 정식 가수의 길로 인도했습니다. 큰 키에 잘생긴 얼굴, 부드럽고 달콤한 목소리를 가진 프레슬리가 스타 뮤지션이 될 조건을 두루 갖추고 있다고 판단한 샘 필립스는 그에게 모든 것을 걸었습니다. 샘 필립스는 프레슬리를 세상에 알리기 위해 테네시주에서 열리는 각종 행사에 그를 출연시켰습니다. 멋진 외모와 뛰어난 가창력을 가진 프레슬리는 곧 지역의 유명인사가 되었고 메이저 음반업체와 전속계약을 맺으며 도약의 발판을 마련했습니다.

욕망의 해방구인 로큰롤을 부르다

프레슬리는 로큰롤을 주력으로 음악계에 발을 내디뎠습니다. 로큰롤은 비트가 강한 음악으로 열광적으로 몸을 흔들면서 불러야 제맛이 납니다. 프레슬리는 자신의 끼를 무대에서 한껏 발산해 신나는 로큰롤을 부르면서 쉴 새 없이 엉덩이를 흔들었습니다. 그의 노래와 춤은 라디오와 TV를 타고 미국 전역에 퍼져 나가 젊은이를 중심으로 폭발적인 인기를 끌었습니다. 하지만 기성세대에게 프레슬

현란한 무대매너로 단기간에 스타의 반열에 올라선 프레슬리

리의 노래와 춤은 받아들이기에 망측한 행동일 뿐이었지요. 당시까지만 하더라도 미국은 보수적인 기독교가 사회 전반에 큰 영향을 미치던 때로 경건한 분위기가 지배적이었습니다. 특히 신앙심이 강했던 백인들은 대중음악도 기독교 정신에 위반되어서는 안 된다고 생각해 뮤지션에게 엄격한 잣대를 들이댔습니다. 이는 당시 백인들에게 사랑받은 가수 프랭크 시나트라Frank Sinatra를 보면 알 수 있습니다.

시나트라는 오늘날에도 널리 불리는 불후의 명곡인 '마이웨이My Way'를 부른 가수로, 항상 단정한 정장을 입고 무대 위에 올랐습니다. 그는 무대 위에서도 스탠딩 마이크를 잡고 처음부터 끝까지 점잖게 노래를 부르다가 내려왔습니다. 이처럼 대중가수도 신사같이 행동하

점잖은 모습으로 무대에 선 프랭크 시나트라

기를 요구했던 시절에 프레슬리는 본인이 직접 디자인한 몸에 착 달라붙는 옷을 입고 온몸을 흔들면서 로큰롤을 불렀지요. 영향력 있는 목사들은 로큰롤을 두고 기독교 정신에 반하는 '악마의 음악'이라 말하며 경계했습니다. 기성세대가 프레슬리의 춤과 노래를 외설적이라면서 배척하자 방송에서는 연신 흔들어대는 엉덩이를 노출하지 않기 위해 상체만 내보내기도 했지요. 기독교계는 프레슬리를 음탕한 사람으로 몰아붙였지만 실제로 그는 독실한 기독교인이었습니다. 마약이나 담배를 입에도 대지 않았고 자신의 앨범에 기독교 음악인 가스펠을 수십 곡이나 취입할 정도로 신앙심이 깊은 사람이었습니다. 반면, 보수화된 미국 사회를 답답하게 생각한 젊은 층에 로큰롤은 욕망의 해방구가 되어 프레슬리의 전성기를 열었습니다.

전투병이 된 프레슬리

1958년 한창 인기를 몰아가던 프레슬리에게 징집 영장이 나왔습니다. 요즘의 미국은 직업 군인제로, 원하는 사람만 군대에 가면 되지만 당시에는 징병제였기에 건강한 젊은이는 모두 징집 대상이었습니다. 국방부는 슈퍼스타인 프레슬리에게 군대 홍보병으로 복무할 기회를 주고자 했지만, 그는 전투병으로 지원했습니다. 멋지게 기른 머리를 짧게 자르고 입대하는 프레슬리는 그 자체가 하나의 뉴스가 되어 미국인들의 시선을 사로잡았습니다. 그가 독일 주둔 미군에 배치되자, 미국을 넘어 세계적인 스타였던 프레슬리를 보기 위해 독일 팬들이 몰려들어 군 생활을 하기가 힘들 정도였습니다. 그러나 프레슬리는 일반인과 똑같은 대접을 받으며 성실히 군복무를 수행했습니다. 미국의 기성세대는 노출이 심한 옷을 입고 외설적인 춤을 추던 프레슬리가 군복을 단정히 입고 탱크를 몰자 그를 다시 보게 되었습니다.

1959년 프레슬리는 군 복무 중에 인생의 반려자가 될 프리실라 Priscilla Ann Wagner를 만났습니다. 장교 딸이었던 프리실라는 14살 소녀였

군입대 선서를 하는
프레슬리

독일에서 군 복부를 한 프레슬리

프리실라와의 행복했던 결혼 생활

지만 두 사람은 사랑에 빠져 결혼을 약속했습니다. 프레슬리는 그녀를 성인이 될 때까지 돌보아주는 조건으로 결혼을 허락받았지요. 그는 1960년 18개월의 복무 기간을 무사히 마치고 제대하면서 그녀와 함께 고향인 멤피스로 돌아왔습니다. 1967년 마침내 프레슬리는 프리실라와 정식으로 결혼식을 올렸습니다. 군 복무와 결혼을 통해 한층 성숙해진 프레슬리는 이전과 달리 진지한 모습으로 팬들에게 다가갔습니다. 보수적인 기성세대 역시 변화된 프레슬리에게 마음을 열었습니다.

갑작스러운 죽음

1973년 1월 프레슬리는 하와이 공연을 성공시키면서 자신이 세계 최고의 뮤지션이라는 것을 만천하에 입증했습니다. 그의 하와이 공연은 인공위성을 통해 세계 40여 개국에 라이브로 생중계되었고, 공연을 지켜본 시청자는 무려 10억 명에 이르렀습니다. 1969년 7월 전 세계로 생중계된 아폴로 11호의 달 착륙을 지켜본 시청자가 6,000만 명이었던 것과 비교할 때, 당시 프레슬리의 인기가 어느 정도였는지 실감할 수 있습니다. 프레슬리의 하와이 공연은 방송 역사상 가장 중요한 이벤트 중 하나로 기록되었습니다. 이후에는 크게 히트한 곡이 나오지 않았지만, 그동안 히트한 곡이 워낙 많아 무대에서 부를 곡이 없는 일은 겪지 않았습니다. 그러나 1973년 프레슬리는 아내 프리실라와 이혼하면서 많은 것을 잃게 되었지요. 프레슬리는 슈퍼스타였던 만큼 공연을 위해 집을 비우기 일쑤였습니다. 그는 자신의 가족이 외부에 노출되는 것을 극히 꺼려 공연장에도 데려가지 않았고 아내가 외출하는 것조차 단속했습니다.

결혼 생활에 염증을 느낀 프리실라가 그의 곁을 떠나자 프레슬리는 이혼의 충격을 감당하지 못해 폭식과 불면증에 시달렸습니다. 몸이 뚱뚱해지면서 예전처럼 춤을 추기도 쉽지 않았습니다. 또 불면증으로 잠을 잘 수 없게 되자 수면제 과다복용으로 건강이 크게 나빠졌습니다. 프레슬리는 통증을 잊기 위해 강력한 진통제를 사용하면서 약물 중독자가 되고 말았습니다.

1977년 8월, 프레슬리는 자택 화장실에서 쓰러져 병원으로 옮겨졌지만 결국 세상을 떠났습니다. 얼마 전까지 무대 위를 휘젓고 다니던 그가 42세의 젊은 나이에 갑자기 죽자 온갖 억측이 나돌았습니다. 프

로큰롤의 황제로 한 시대를 풍미한 프레슬리

레슬리는 죽지 않았으며 어딘가에 은신하고 있다는 소문도 돌았습니다. 심지어 외계인에게 납치되었다는 황당한 소리까지 들렸습니다.

프레슬리가 남긴 업적

미국에서 활동하는 가수들의 꿈은 자신의 노래가 빌보드 차트에 오르는 것입니다. 프레슬리는 빌보드 차트 1위 곡을 무려 18곡이나 발표했으며 전 세계적으로 2억 8천만 장의 음반을 판매했습니다. 그의 업적은 단순히 히트곡을 많이 발표한 것에서 끝나지 않습니다. 백인이었지만 흑인음악인 로큰롤을 완벽히 소화해 자신만의 방식으로 재해석함으로써 모든 사람이 즐길 수 있는 음악으로 발전시킨 공이 큽니다. 그로 인해 흑인 사이에서만 불리던 로큰롤은 미국을 넘어 세

관광명소가 된 그레이스랜드

계적인 열풍을 일으키며 한 시대를 풍미할 수 있었지요. 프레슬리는 급작스레 세상을 떠났지만, 사람들의 머릿속에 아직 살아 있습니다. 멤피스에 있는 그의 저택 그레이스랜드Graceland에는 요즘도 해마다 60만 명 이상의 사람들이 방문해 프레슬리를 추모하고 있습니다.

백인 정서의 컨트리 가수 존 덴버_기타와 함께한 어린 시절

1943년 뉴멕시코주에서 태어난 존 덴버John Denver의 본명은 헨리 존 도이첸도르프 주니어Henry John Deutschendorf Jr.입니다. 그의 아버지는 갖가지 진기록을 보유한 공군 최정예 조종사였습니다. 어릴 적 도이첸도르프 주니어는 아버지의 근무지를 따라다니며 미국의 여러 지역에서 살았습니다. 그중 가장 마음에 들었던 곳은 자연이 눈부시게 아름다운 콜로라도주의 덴버였지요. 훗날 가수가 된 도이첸도르프 주니어는 사람들이 기억하기 쉬운 이름을 찾다가 어린 시절 아름다운 추억을 간직한 '덴버'로 정했습니다. 존 덴버의 곡 중에 자연을 예찬하는 노래가 유난히 많은 것은 그곳에서 보낸 어린 시절의 영향 때문입니다. 그의 어릴 적 꿈은 아버지처럼 엘리트 조종사가 되는 것이었는데, 11살 때 할머니로부터 기타를 생일선물로 받은 후 인생이 바뀌었습니다.

존 덴버는 손에 굳은살이 생기도록 기타를 연습했습니다. 기타줄도 수없이 끊어졌습니다. 이렇듯 음악을 무척 좋아했지만 부모님의 기대를 저버릴 수 없어 대학 진학은 자신의 취향과 무관한 텍사스 공과대학 건축과를 선택했습니다. 그러나 대학 생활에 흥미를 느끼지 못해 중도에 그만두고, 뉴욕으로 건너가 1965년부터 뮤지션의 길을 걷기 시작했습니다. 존 덴버가 선택한 음악 장르는 컨트리 음악입니다. 재즈나 블루스가 흑인의 정서를 반영한 장르라면 컨트리 음악은 백인의 정서를 반영한 음악 장르입니다. 흑인음악은 노예로 출발한 흑인들의 고달픈 생활과 정서가 담겨 어두운 면이 있습니다. 그러나 컨트리 음악은 아메리카 대륙을 개척하며 성공적인 삶을 살았던 백인들의 정서를 반영해 자연을 예찬하거나 소원성취를 꿈꾸는 등 대체로 분위기가 밝습니다.

1960년대가 다 가도록 존 덴버는 별다른 두각을 나타내지 못했습니다. 그러나 1972년 로키산맥의 아름다운 전경을 노래로 표현한 '로키 마운틴 하이Rocky Mountain High'가 빌보드 차트 4위에 오르면서 유명

존 덴버가 어린 시절을 보낸 콜로라도주의 아름다운 자연

가수 반열에 오르게 되었지요. 그의 노래 덕분에 로키산이 관광명소로 널리 알려지자 로키산이 자리 잡은 콜로라도주는 '로키 마운틴 하이'를 주를 대표하는 노래로 지정했습니다. 1974년 그의 노래 '선샤인 온 마이 숄더스Sunshine On My Shoulders'가 미국 빌보드 싱글차트 1위를 기록하면서 마침내 존 덴버는 정상에 올랐습니다. 맑고 청량한 목소리로 자연과 사람에 대한 사랑을 노래한 존 덴버는 1970년대 미국인들에게 가장 사랑받는 컨트리 가수였습니다.

자연보호주의자가 된 존 덴버

광활하고 멋진 미국의 자연을 노래해 최고의 컨트리 가수가 된 이후 존 덴버는 자연 보호주의자가 되어 많은 일을 했습니다. 알래스카의 때 묻지 않은 자연이 석유 개발로 훼손될 위기에 놓이자 뜻을 같이하는 사람들과 힘을 합쳐 자연을 지키는 데 크게 이바지했습니다. 또 동물보호와 나무 심기 운동을 주도하며 친환경주의자로서 명성을 얻었지요.

냉전 이후 존 덴버는 미국 가수로서는 처음으로 1985년 소련에서 공연을 열었습니다. 당시는 자유민주주의를 대표하는 미국과 사회주의 종주국 소련이 한 치의 양보도 없는 대치 상태여서 미국인의 소련 방문조차 쉽지 않았습니다. 게다가 소련은 미국 문화가 저급하다고 여겨 자국민이 미국 문화에 노출되지 않도록 주의를 기울였습니다. 그런데 존 덴버가 소련 공연을 희망하자 극히 이례적으로 허락했습니다. 그의 노래는 소련 국민에게 나쁜 영향을 줄 만한 어떤 내용도 담고 있지 않았기 때문입니다. 베트남전쟁 이후인 1994년, 존 덴버는 미국 가수로는 최초로 베트남 하노이에서의 공연 기회를 얻었습니다. 전쟁 당시 발가락 두 개가 없어 징집 대상에서 제외되었던 존 덴버는 누구보다 열심히 반전 평화운동에 참여한 경험이 있었습니다. 전쟁으로 인해 베트남은 미국과 국교를 단절하고 원수처럼 지냈기 때문에 존 덴버의 노래를 아는 베트남인은 거의 없었습니다. 하노이 공연장에 빈자리도 많았습니다. 하지만 존 덴버는 개의치 않고 최선을 다해 노래했습니다.

컨트리 가수, 자연 보호주의자, 평화주의자로서 존경받던 존 덴버에게 1997년 10월 12일 뜻하지 않은 비극이 찾아들었습니다. 존 덴버의 오랜 취미 중 하나가 경비행기 조종이었습니다. 아버지처럼 전투기 조종사가 되지는 않았지만 시간이 날 때마다 경비행기를 조종하며 하늘을 날았지요. 존 덴버는 2,700시간 이상의 비행경력이 있는 베테랑 조종사였지만 새로 구입한 비행기에 문제가 생

아름다운 자연을 노래한 존 덴버

존 덴버를 하늘나라로 데려간 경비행기

경비행기가 추락한 지점에
만들어진 기념비

겨 추락사하고 말았습니다. 그의 갑작스러운 죽음은 전 세계 팬들에
게 엄청난 충격을 주었습니다. 존 덴버는 54년의 인생을 살다 갔지만
자연과 인간에 대한 사랑을 노래한 그의 청량한 목소리는 아직도 팬
들의 사랑을 받고 있습니다.

영원한 팝의 황제, 마이클 잭슨_잃어버린 어린 시절

1958년 마이클 잭슨Michael Jackson은 인디애나주에서 9남매 중 일곱째로 태어났습니다. 그의 아버지 조Joe 잭슨은 돈을 벌기 위해 여러 가지 일을 했는데 하는 일마다 제대로 되지 않아 생활고에 시달렸습니다. 조 잭슨이 가졌던 여러 직업 중의 하나가 가수였지만 두각을 나타내지는 못했습니다.

조 잭슨은 스스로 한계를 느끼고 자식들을 통해 부와 명예를 얻고자 했습니다. 그는 다섯 아들을 한 팀으로 묶어 '잭슨파이브'라는 그룹을 조직하고 강훈련을 시켰습니다. 다섯 살 된 마이클 잭슨도 잭슨파이브의 막내로서 팀의 일원이 되었습니다. 잭슨파이브는 온갖 뮤직 콘테스트에 출전해 1등을 휩쓸면서 능력을 인정받았습니다. 잭슨파이브의 인지도가 올라가자 조 잭슨은 돈벌이를 위해 잭슨파이브를 밤무대에 세웠습니다. 마이클 잭슨은 학교에 다녀야 할 나이에 밤마

인디애나주에 위치한 마이클 잭슨의 생가

다 클럽, 술집 등 밤무대를 전전하며 어린 시절을 보내야 했습니다. 아버지의 욕심으로 인해 친구 하나 없는 어린 시절을 보낸 마이클 잭슨의 마음속에 행복이라고는 없었습니다.

마이클 잭슨의 홀로서기

1971년 마이클 잭슨은 형들과 함께 잭슨파이브 멤버로 활동하면서 동시에 솔로 데뷔를 선언했습니다. 그가 독립을 원했던 것은 더는 형들과 함께 아버지에게 끌려다니면서 춤추고 노래하고 싶지 않았기 때문입니다.

이듬해인 1972년 마이클 잭슨이 발표한 '벤Ben'이 빌보드 싱글차트 1위에 오르면서 그는 역대 최연소 빌보드 차트 1위라는 진기록을 갖게 되었습니다. 14살의 마이클 잭슨이 직접 작곡한 '벤'은 변성기

◁ 잭슨파이브의 무대공연

이전의 아름다운 목소리를 들을 수 있는 노래로 영화 주제가로 삽입되어 엄청난 인기를 누렸지요. 하지만 '벤' 이후 마이클 잭슨은 히트곡을 내지 못해 홀로서기를 할 수 없었습니다. 그는 가수로 살아남기 위해 아버지 밑에서 잭슨파이브의 보컬로 계속 활동해야 했습니다.

1979년 마이클 잭슨은 아버지와 형제들로부터 완전한 독립을 선언하고 홀로서기에 나섰습니다. 그리고 1982년 대중음악의 역사에 남을 음반 '스릴러Thriller'를 발표하면서 단번에 세계적인 스타 위치에 올랐습니다. 스릴러 음반에는 '빌리진Billie Jean', '비트 잇Beat It' 등 시대를 앞서간 노래들도 등장했습니다. 마이클 잭슨의 음반 스릴러는 흑인음악이나 백인음악 구분 없이 다양한 장르를 넘나들면서 모든 인종에게 사랑받았습니다.

마이클 잭슨은 '스릴러'를 통해 새로운 노래만 선보인 것이 아니라 세상에 존재하지 않던 춤도 선보였습니다. 무대 위에 선 마이클 잭슨은 '빌리진'을 부르면서 미끄러지듯이 뒤로 걷는 문워크moonwalk를 선보였는데 당시로는 파격적인 춤이었습니다. '빌리진'은 문워크뿐만 아니라 독특한

문워크를 선보이는 마이클 잭슨

멜로디로 사람들을 사로잡았습니다. 사실 이 곡은 마이클 잭슨이 꿈속에서 들은 멜로디를 그대로 악보에 옮겨 완성한 노래였습니다. 타이틀곡인 '스릴러'역시 진정한 뮤직비디오 시대를 열며 주목받았습니다. 마이클 잭슨 등장 이전에도 가수들은 뮤직비디오를 제작했지만 노래를 소개하는 수단에 불과했습니다. 하지만 마이클 잭슨은 '스릴러'를 한 편의 영화처럼 스토리를 갖춘 완성도 높은 4분짜리 뮤직비디오로 제작했습니다. 이를 위해 막대한 시간과 비용을 들여야 했지만 '스릴러'는 예술성을 갖춘 좋은 뮤직비디오의 표본으로 평가받았습니다. 그는 '스릴러' 앨범으로 빌보드 차트를 석권했고 그래미상Grammy Awards* 등 음악인이 받는 상 대부분을 휩쓸며 '팝의 황제'자리에 올랐습니다.

백인음악을 정복한 흑인 가수

마이클 잭슨은 '스릴러'의 대성공으로 엄청난 부와 명예를 얻었습니다. 그가 등장하기 이전까지 흑인 가수가 백인의 우상이 되는 경우는 거의 없었습니다. 미국을 대표하는 음악 전문 방송국인 MTVMusic Television의 경우 흑인 가수의 뮤직비디오를 의도적으로 내보내지 않았습니다. 마이클 잭슨의 '스릴러'가 전 세계를 뒤흔들 정도로 폭발적인 인기를 누렸지만, MTV는 한동안 그의 뮤직비디오를 내보내지 않

---

* 미국 레코드 업계에서 해마다 48개 부문에 걸쳐 수상자를 선출하여 주는 상.

백악관에 초청받은
마이클 잭슨

았지요. 그러나 마이클 잭슨이 백인음악을 자신의 노래에 적절히 활
용하면서 흑백 간의 음악적 구분과 흑인 가수에 대한 차별이 사라지
게 되었습니다.

과거 엘비스 프레슬리가 흑인음악을 정복한 백인이었다면 마이
클 잭슨은 백인음악을 정복한 흑인으로서 미국의 대중음악 역사상
큰 의미를 지닙니다. 1992년 마이클 잭슨은 '블랙 오어 화이트Black Or
White'라는 통해 모든 인종이 평등하다는 내용을 노래하면서 인종차별
에 정면으로 맞서기도 했습니다. 이 노래는 모든 인종에게 선풍적인
인기를 누리며 빌보드 차트 1위를 차지했습니다. 마이클 잭슨은 발
매하는 앨범마다 수천만 장이 판매되고 콘서트장마다 값비싼 티켓이
매진행렬을 이루면서 천문학적인 돈을 벌었습니다. 로널드 레이건
대통령이 백악관으로 그를 초대했을 정도로 사회적인 영향도 막강해
져 역사상 가장 성공한 흑인 반열에 올랐습니다.

피터팬이 되고픈 남자

마이클 잭슨은 아버지의 강요로 밤무대를 드나들며 어린 시절을 보냈습니다. 성인이 될 때까지 친구 하나 사귀지 못하고 노래하는 기계로 인생을 보냈지요. 어린 시절 그가 가장 부러워한 사람은 놀이터에서 뛰어노는 비슷한 또래의 아이들이었습니다. 그래서 큰 성공을 이룬 후에도 잃어버린 어린 시절을 되찾으려고 애썼습니다.

마이클 잭슨은 캘리포니아주 산타바바라에 위치한 거대한 농장을 사들여 저택을 짓고 놀이동산을 만들었습니다. 언론과의 인터뷰에서 "저는 영원히 유년기에 머무르고 싶은 피터 팬입니다."라고 말했을 정도로 어린 시절로 되돌아가 순수한 동심 속에 살고자 했지요. 수천만 달러를 들여서 만든 놀이동산에 '네버랜드Neverland'라는 이름을 붙였는데 이는 동화 「피터 팬」에 등장하는 곳이기도 합니다. 그곳에 어

마이클 잭슨의 동심이 깃들어 있는 네버랜드

릴 적 한 번도 가보지 못한 동물원을 만들어 얼룩말, 원숭이, 낙타, 코끼리 등 온갖 종류의 동물을 들여놓았습니다. 모노레일을 타고 인디언 마을에도 갈 수 있고 영화관에서는 팝콘과 콜라를 먹으며 재미있는 만화영화도 볼 수 있었습니다. 인공호수에서 뱃놀이를 할 수 있었고 게임기가 가득한 공간에서 마음껏 게임도 할 수 있었습니다.

마이클 잭슨은 네버랜드를 방문하는 어린이들과 함께 뛰어놀았습니다. 일거수일투족이 언론을 통해 보도될 정도로 슈퍼스타였지만 네버랜드에서는 모든 것을 던져 버리고 아이들과 신나게 놀았습니다. 그는 어린이들이 언제나 놀러올 수 있도록 네버랜드의 문을 항상 열어 놓았습니다. 네버랜드를 유지하기 위해 해마다 많은 돈을 써야 했지만 아이들에게 한 푼도 받지 않았지요. 많은 아이가 슈퍼스타인 마이클 잭슨과 만나고 함께 놀기 위해 네버랜드를 방문했습니다. 그는 아이들과 뛰어놀면서 잃어버린 유년기를 보상받았기 때문에 행복했습니다.

팝 황제의 몰락

마이클 잭슨은 무대 위에서는 관객을 사로잡았지만, 무대 밖에서는 말이 적고 수줍음이 많았습니다. 주변 사람 중 상당수가 그의 여린 성격을 알고 돈을 뜯어내기 위해 수시로 소송을 걸었습니다. 소송에 연루되는 것을 두려워한 마이클 잭슨은 그때마다 억울해도 돈을 주고 마무리하는 방법을 선택했습니다.

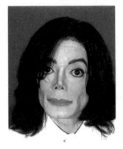

11/20/2003
Photo Image of:
NAME: JACKSON, MICHAEL
RAC: B   SEX: M
DOB: 8/29/1958   AGE: 45
HGT: 511   WGT: 120
BLD: CMP:
HAI: BLK   EYE: BRO
MKS:
BOOKING #:   621785

수사당국에 의해 성범죄자로
몰린 마이클 잭슨

1993년 마이클 잭슨과 친구처럼 지내던 13살 소년 조던 챈들러 Jordan Chandler의 아버지가 마이클 잭슨을 상대로 성추행 혐의로 고소장을 제출했습니다. 마이클 잭슨이 아동 성추행 혐의로 고소당하자 전 세계 언론이 큰 관심을 가지고 대서특필하기 바빴습니다. 특히 미국의 경우 미성년자를 대상으로 한 성범죄는 중한 벌을 면치 못하기 때문에 더 큰 관심을 불러일으켰습니다. 성추행 혐의는 마이클 잭슨의 명예와 관련된 중요한 문제였기 때문에 법정에서 반드시 무죄판결을 받아야 했지만, 이번에도 그는 법정 투쟁 대신 돈으로 해결하려고 했습니다. 마이클 잭슨은 고소를 취하하는 조건으로 챈들러의 아버지에게 거금 1,500만 달러를 주었습니다. 그러나 돈으로 문제를 해결한 것은 마이클 잭슨에게 나쁜 영향을 끼쳤습니다.

미국 사람들은 마이클 잭슨이 죄가 없다면 무죄판결을 받아 명확하게 끝날 일을 굳이 거액을 들여가며 해결한 것 자체가 그에게 문제가 있기 때문이라고 의심했습니다. 이 사건을 계기로 마이클 잭슨은 그동안 쌓아 왔던 좋은 이미지를 모두 잃고 성범죄자라는 오명을 뒤집어쓰게 되었습니다. 사람들의 손가락질에 극심한 스트레스에 시달리게 된 마이클 잭슨은 심각한 불안증세로 약물 없이는 잠조차 이룰 수 없었습니다. 그동안 마이클 잭슨은 음악적 영감이 넘쳐나 주옥같이 아름다운 곡을 끊임없이 만들어 냈으나 약물중독의 여파로 음악적 영감이 사라지면서 예전만큼 좋은 곡을 만들 수 없었습니다.

마이클 잭슨이 재기를 위해 애쓰던 2003년, 또다시 아동 성추행 문제가 불거졌습니다. 예전에 마이클 잭슨은 소아암에 걸린 아동 개빈 아르비조Gavin Arvizo의 가족이 도움을 청하자 거액의 병원비를 기꺼이 지원해 주었습니다. 또한 아르비조가 암을 극복하자 네버랜드로 초청해 즐거운 시간을 갖기도 했습니다. 마이클 잭슨의 호의에도 불구하고 아르비조의 가족은 그를 성추행 혐의로 고소했습니다. 아르비조의 부모가 막대한 합의금을 노리고 꾸민 음모였지요. 이번만큼은 마이클 잭슨도 순순히 물러서지 않았습니다. 마이클 잭슨은 법정공방 끝에 무죄판결을 받았습니다. 미국에서는 사건의 유무죄를 일반인들로 구성된 배심원이 판단합니다. 이 사건은 배심원 전원이 백인이었지만 만장일치로 마이클 잭슨의 손을 들어주었습니다. 마이클 잭슨은 소송에서 승소해 아동 성추행 범죄자라는 누명에서 벗어났습니다. 그러나 이미지는 더욱 나빠지고 말았지요. 두 번이나 아동 성추행 사건에 연루되자 진실과 무관하게 사람들의 머릿속에 그는 성범죄자로 인식되었기 때문입니다. 결국 두 번의 성추행 논란으로 인해 마이클 잭슨은 나락에서 벗어날 수 없게 되었습니다.

죽음 뒤에 밝혀지는 진실

두 번에 걸친 아동 성추행 논란으로 크게 위축되었던 마이클 잭슨은 2009년 런던 공연을 시작으로 월드투어에 나서기로 했습니다. 오랜만에 마이클 잭슨이 콘서트를 열자 전 세계 팬들이 호응해 입장권이 순식간에 매진되면서 여전한 그의 인기를 입증했습니다. 어느덧 51살이나 된 마이클 잭슨은 팬들에게 멋진 모습을 보여주기 위해 최선을 다해 공연을 준비했습니다.

그런데 2009년 6월 런던 공연을 몇 주 앞두고 마이클 잭슨이 심장마비로 사망했다는 소식이 전 세계에 알려졌습니다. 1993년 첫 번째 성추행 논란 이후 불면증에 시달리던 그는 시간이 갈수록 더 많은 수면제를 이용했고, 결국 수면제 과다복용 후유증으로 급작스레 세상을 떠나고 말았습니다.

마이클 잭슨이 죽자 추모 열기가 일면서 그에 관한 진면목이 드러나기 시작했습니다. 우선 첫 번째 성범죄 사건은 돈을 갈취하기 위해 아이의 아버지와 변호사가 공모한 일이라는 사실이 드러나면서 마이클 잭슨은 죽어서나마 명예를 회복할 수 있었습니다. 살아생전의 선행이 알려지면서 그에 대한 재평가도 이루어졌지요. 그는 "이 세상 모든 아이는 존중받아야 하며 부족한 삶을 살아서는 안 된다."라는 신념으로 자선재단을 설립해서 어려운 환경의 어린이를 도왔습니다. 그밖에도 30여 개의 자선단체에 거액을 후원했는데 이들 중 상당수는 아동을 위한 자선단체였습니다. 죽기 직전 혼미한 상태에서도 마이클 잭슨은 "나는 어린 시절이 없었어요. 그래서 아이들을 진심으로

마이클 잭슨의 죽음을 애도하는 팬들

사랑해요. 이번 공연으로 돈이 생기면 아이들을 위한 병원을 세울 것입니다. 그것이 제 공연보다 가치 있는 일이니까요."라고 말했을 정도로 진심으로 아이들을 좋아했습니다. 그는 언론이나 성인은 경계하여 만나기를 꺼렸지만, 어려운 처지의 어린이라면 경제적 도움과 함께 마음의 위로를 주기 위해 기꺼이 시간을 냈습니다.

　사람들이 마이클 잭슨에게 가졌던 오해 중의 하나가 그가 백인처럼 보이기 위해 피부를 하얗게 만드는 시술을 받았다는 것이었습니다. 특히 일부 흑인은 백인 흉내를 낸다고 생각하여 마이클 잭슨에 대해 노골적인 적대감을 표시하기도 했지요. 의사들이 마이클 잭슨의 정확한 사인을 알아내기 위해 조사하는 과정에서 사실은 그가 피부가 하얗게 변하는 질병인 백반증을 앓고 있었다는 사실이 드러났

백반증을 앓았던 마이클 잭슨

습니다. 마이클 잭슨은 얼굴 일부분이 하얗게 변한 것을 가리기 위해 짙은 화장을 하고 선글라스를 쓰고 다녔는데 이를 두고 사람들은 그가 백인이 되고자 시술받았다고 생각했던 것입니다.

 마이클 잭슨은 죽어서야 실추된 명예를 회복했지만, 그가 미국의 대중음악에 남긴 발자취는 영원히 지워지지 않을 만큼 뚜렷합니다. 그는 미국의 대중음악인 팝송을 전 세계에 퍼트린 일등공신이며 흑백 간의 음악적 구분을 뛰어넘은 대표적인 뮤지션입니다. 또 미국 가수 중 가장 많은 앨범을 판매했고 가장 많은 상을 받은 가수이기도

합니다. 미국인들은 마이클 잭슨을 두고 '영원한 팝의 황제'라고 부르고 있습니다.

세계를 주도하는 미국의 대중음악

재즈, 로큰롤, 힙합*, 리듬 앤 블루스ᵣ&ʙ** 등 수많은 대중음악 장르가 미국에서 시작되어 전 세계로 퍼져 나갔습니다. 미국이 세계 대중음악의 흐름을 주도할 수 있었던 것은 대중음악이 발전할 수 있는 최적의 환경을 갖추고 있기 때문입니다.

---

* 1980년대 미국에서부터 유행하기 시작한 박진감 넘치는 춤과 음악의 총칭.
** 1940년대 말~1950년대 초에 블루스가 댄스풍 재즈와 섞여 밝고 신나는 요소가 가미된 흑인음악.

미국에는 흑인, 백인, 히스패닉, 아시아인 등 지구상에 존재하는 거의 모든 인종이 모여 살기 때문에 다양한 음악이 공존하며 서로 긍정적인 영향을 주고받을 수 있습니다. 또 세계 최강의 경제 대국답게 대중음악 시장도 최대 규모여서 가수로 성공하면 엄청난 부와 명예를 누릴 수 있습니다. 돈이 있는 곳에 사람도 모이기 마련이어서 예술적 재능을 타고난 인재들이 부와 명성을 얻기 위해 대중음악계로 몰려들고 있습니다. 미국 내 음반사 역시 가수 지망생을 제대로 훈련해 스타로 육성합니다. 영어가 세계 공용어인 만큼 팝송을 즐길 수 있는 사람도 많습니다.

미국 이외의 나라에서 탁월한 능력을 보여준 가수들은 세계 대중음악의 중심지인 미국 시장으로 앞다투어 진출하고 있습니다. 이 과정에서 새로운 음악들이 흘러들어와 미국 대중음악을 한층 발전시키는 촉매 역할을 하고 있습니다. 이와 같이 미국은 대중음악이 발전할 수 있는 모든 여건을 갖춘 나라로 엘비스 프레슬리 등장 이후 세계 음악의 흐름을 주도하고 있습니다.

★

미국의 대중음악계를 평정한
비틀스

제2차 세계대전을 기점으로 초강대국으로 떠오른 미국은 경제, 외교, 군사, 문화 등 모든 면에서 세계를 주도했다. 1950년대 엘비스 프레슬리가 퍼트린 로큰롤은 유럽에도 영향을 미쳤는데 특히 영국에서 큰 인기를 얻었다. 그런데 1960년대에 접어들자 영국에서 '비틀스'라는 4인조 그룹이 등장해 세계 대중음악계를 뒤흔들었다. 비틀스는 미국의 로큰롤을 영국인 특유의 감성으로 재해석해 영국에서 폭발적인 인기를 끌었다. 그들의 음악은 미국에서도 널리 알려졌다.

1964년 2월 7일 비틀스가 미국 공연을 위해 뉴욕에 도착하자 미국 전체가 들썩였다. 1만 명이 넘는 팬들이 몰려든 공항은 발 디딜 틈이 없었다. 미국 언론도 큰 관심을 보여 비틀스가 도착해서 떠날 때까지 그들의 일거일동을 대서특필했다. 비틀스는 유명 토크쇼 '에드 설리반 쇼'에 출연했는데 미국 전체 인구의 40%인 7,300만 명이 이 프로그램을 지켜보았다. 비틀스는 2주 동안 미국에 머물면서 대도시는 물론 중소도시까지 돌면서 공연했다. 아름다운 선율에 철학적인 내용을 담은 비틀스의 노래는 미국의 빌보트 차트 1위부터 5위까지 동시 석권하는 이변을 일으켰다. 유럽에서 큰 인기를 끈 노래도 미국 빌보드 차트에서 1위를 하는 것은 극히 드문 일이었다. 영국 출신 밴드가 1위부터 5위까지 싹쓸이한 것은 유례가 없는 일이었다.

　미국 젊은이들은 비틀스의 노래뿐만 아니라 헤어스타일과 옷까지 따라 했다. 영국은 '신사의 나라'라는 말이 있는데 그에 걸맞게 비틀스는 어디를 가나 깔끔한 정장을 입고 다녔다. 이런 모습은 청바지와 티셔츠 차림으로 돌아다니던 미국 젊은이들에게 신선한 느낌을 주었다. 비틀스가 미국 대중음악을 석권하자 문화평론가들은 '영국 팝의 침공'이라고 하면서 반감을 드러내기도 했다. 비틀스는 대중음악뿐만 아니라 미국 사회에도 큰 영향을 미쳤다. 당시 미국은 베트남전쟁이라는 수렁으로 빠져들고 있었는데 그들은 반전 평화운동을 외치면서 젊은이들로부터 공감을 얻었다.

미국을 사로잡은 비틀스

1970년 비틀스는 해체되었지만 영향력까지 사라진 것은 아니었다. 비틀스의 핵심 멤버 존 레논John Lennon이 미국에 정착해 활동을 계속했기 때문이다. 1971년 존 레논은 솔로 앨범을 발표하면서 '이매진Imagine'이라는 곡을 선보였다. 이 노래는 종교와 국가를 부정하는 파격적인 내용을 담아 전 세계에 큰 반향을 불러일으켰다. 존 레논은 뮤지션을 넘어 사회혁명가나 몽상가로 불리며 숱한 논란을 일으키다가 1980년 12월 암살자가 쏜 총탄을 맞고 세상을 떠났다.

비틀스가 미국의 대중음악계를 뒤흔들어 놓은 지 세월이 한참 흐른 오늘날에는 거꾸로 영국이 미국 문화의 영향을 크게 받고 있다. 음악은 물론 영화, 패션, 음식 등 많은 분야에서 미국을 닮아가고 있다. 과거에는 미국 젊은이들이 비틀스를 흉내 내 정장을 입고 다녔지만, 요즘에는 영국 젊은이들이 청바지와 티셔츠를 즐겨 입고 다닌다.

세계를 통찰하는 지식과 교양 **〈세계통찰〉** 시리즈

미국

세계통찰 미국 ⑧

세계의 중심이 된 미국 2
미국의 문화
문화의 용광로, 다양한 민족

2021년 1월 1일 1판 1쇄 발행

지은이	한솔교육연구모임
펴낸이	권미화
편집	최세라
디자인	김규림
마케팅	조민호
펴낸곳	솔과나무
출판등록	2018년 12월 20일 제2018
주소	서울시 마포구 독막로 266, 111-901
팩스	02-6442-8473
블로그	http://blog.naver.com/solandnamu
트위터	@solandnamu
메일	hsol0109@gmail.com

ISBN   979-11-90953-06-1 44300

979-11-967534-0-5 (세트)